国 家 大 事 丛 书 ｜ 2015年国家新闻出版改革发展项目库项目

汉字形义与中华传统文化：
以社会主义核心价值观二十四个汉字为例

罗建平　著

Chinese Character Etymology
and Chinese Traditional Culture

丛书序 PREFACE

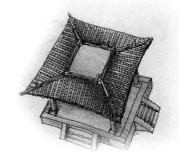

从动议策划,到第一辑八种即将出版,这套丛书的"孕育期",算来已三年有余。每种六万字左右,首辑也就五十来万字吧,却用了约四个"十月怀胎"期,这在时下快约、快编、快发的"三快"出版"新模式"中,算得上是个"因循守旧"的特例了。然而这不正说明复旦大学出版社对于这套以青少年学生为主要对象的大众读物用心用力之深吗?

长达三四万字的策划书、拟目及纲要,多达六七个轮次的专家与师生的论证,反反复复的大纲修订与初目确定,直到关键的、以"专家写小书"为标准的著作者选定,大约用了两年时间;这样算来,各位专家为一种小书的撰写,都用了一年有余,应相当于他们当初撰写攸关个人前程的博士论文所花费的时间了。作为丛书的提议者,我不能不对他们放下手边的科研项目,以如此认真的态度来从事这样一项算不上"学术成果"的工作,肃然起敬。为什么这样一个看来有点"老土"的选题,能被一

家以"学术出版"为首务,蜚声海内外的大学社一眼相中,并集聚起众多的知名学者与出版人合作共襄?这就不能不回顾一下有关的策划初衷。虽然近40个月过去了,目前的情况与当初相比,已经有所变化,但是基本面还是相同的。

当时的动因是报端与网上的两类有点极端的"热点"问题。

一是屡见不鲜的青少年学生因升学考试失利而轻生的报道与讨论。一次高考放榜后,网上盛传一段视频:两位学子因此而坠楼。为什么我们的孩子们会如此地脆弱?

二是日本强行进行所谓的钓鱼岛"国有化"后国内"愤青"的行动,网上对此议论纷纷,而偏偏当时尚无一种深入阐析事件、给青年们爱国热情以正确引导的出版物。反观日本,却将所谓"尖阁诸岛"(即钓鱼岛)问题列入中学教育有关课程。现在不仅"东海""南海"问题继续发酵,而且周边事态愈加复杂,"朝核"问题、"萨德"问题、"南海仲裁案"问题等,层出不穷,甚至由外而内,"台独"正变本加厉,"港独"又粉墨登场,而"愤青"行动也随之高涨。可叹的是有关的图书虽已有了数种,但还远远谈不上系统化与规模化。

诚然,青年人中上述两种动向不可相提并论。"愤青"行动固然有待于理性化,但这是"五四"以来,不,应当说是从汉末"清议"以来,中国青年学子以参与"国是"为己任的传统之继续,是当今越来越多的青年人强烈关注"中国崛起"的群体意识之表现;而文战不利即轻生,也是一种极端表现,是伴随数十年以来的"小皇帝"一代而引发的当代中国最可忧的社会现象。然而"小皇帝"的过于脆弱,与"愤青"时不时因过于激愤而不免"出格",这过"阴"过"阳"之间,却有着某种认识论上的同一性。当代认识论揭示:人约在七八岁时,由孩提时期所累积的片断印象,会形成观察外部世界的最初的"认识图式",在以后的"活动"中,又不断地接受外部的交互影响着的新信息,而使认识图式处于不间断的活动建构之中。人的行为方式,就取决于这种认识图式。因此,知见的深浅,也就是视域的大小与对视域中各种事物相互关系的理解,对个人的行为方式是有决定性意义的;所以,超越一己一事所限而关注大事,超越一时一事所限而洞悉事件的来龙去脉、此事件与彼事件的相互关系,便成为个人行为是否恰当的前提,也应当是现在所热议的素质教育的首务。

"小皇帝"们的脆弱,根源就在于视域为一己一事所限。今天的青少年们,在知识结构、个性意识及至由此而来的创造活力上都使我们这一辈人惊羡而自叹勿如,然而如就"抗打击力",亦即"韧性"而言,"小皇帝"们却差了许多。就拿高考来说吧,且不论群体性地被剥夺了进入高校权利的"史无前例"时期,20世纪60—80年代有高考的年份,录取率也仅仅30%左右,但那时几乎未闻有落榜而轻生者。尤其是六七十年代之交,当初幸而登龙门者,至那时毕业,90%以上又都上了山、下了乡,那种由极度的希望跌入极度的失望之痛苦,甚至比不曾希望过者更惨烈十倍。然而当时,连同中学生在内的上山下乡的这一群却"熬"了十年,"挺"了过来,并从中产生了担当起"改革开放"重任的第一批

青年生力军。回想这种"韧性"的由来,我们不能不感谢两类前辈:一是我们的父母,他们的"不管不问",使子女的天性有了较自由的发展空间;二是当时的作家、翻译家、出版家们,他们为青年人提供了各种中外名著与各类知识读物。各种有关"上山下乡"的影视剧,有一个共同的情结,令我们这些过来人倍感亲切,这就是各知青点的"头儿""大哥",都有一箱子不离不弃的书,而为知青们抢着阅读。逆境,使阅读与社会观察、思考融合互动,于是"上山下乡"的这一群,说得最多的一句格言便是"严冬即将过去,春天必将到来"。这种信念不仅是个人的,更是由深入社会的阅读中产生的对国家命运乃至人类历史的感悟。

孔夫子说"士不可以不弘毅",毅即毅力、韧性;弘则指由开远的见识而来的志向,也是"毅"力的前提。引证这句格言,并不是说"上山下乡"的这一群人都达到了这种境界,毋庸讳言,曾经在改革开放伊始作出贡献的青年人中后来也不乏在"大浪淘沙"中沉沦为沙粒者。引证这句格言的用意只是想说明,超越一己目见身遇的更宽广的视域,在每一个人的人生历程中的重要性。奋起而终于沉沦者虽只是一小部分,但也反映了这一代人也有其时代性的弱点,如长期的物质生活的贫乏、传统教育或"左"或"右"的影响、传统价值观念在"个性"与"家国"关系观念上的偏差等。这些使这一群中不少人迈过了"一时"之"己"这道坎,却过不了之后的一道又一道坎。今天的青年人有着远较过去优越的个性意识、知识结构与外部环境,因此有可能在更广更高的层次上,去完成"弘毅"品格的自我塑造。这就又要回过头来说说所谓"愤青"现象了。

对于"愤青",不必过多地求全责备。"愤"是血性的表现,几十年来,中国人的血性不是多了,而是少了。"愤青"现象在目前已超越"小皇帝"现象而成为社会的热点话题,说明超越一己得失而关注重大事件的青年人越来越多,这毋宁说是我们这个古老民族的一种希望。"愤青"之所以被有的长者视为"问题",只是由于"愤青"们往往为一时一事所限,而尚欠缺对于事件的多维度的综合观察与思考;因此,进一步开拓视域以增强观察思考能力,从而将一时的"义愤"提升至"弘毅"的精神境界,也是"愤青"乃至所有青少年之必需。

以上就是这套丛书策划的动因。

"大事"有种种,为什么丛书非要取名为"国家大事"呢?在放论"全球化",又崇尚个性的今天,这名目是否又有了些"老生常谈"的意味呢?这也是需要探讨的问题。

国家意识真的与全球意识格格不入吗?只要看看鼓吹世界主义最力的美国就不难明白。美国所称的"全球战略",其核心就是维护其国家的核心利益与全球霸主的地位,这一点连他们的政客也直言不讳。离开国家意识的"全球意识",在我看来只是个"伪命题"。抛开"闭关自锁"的落后观念,从周边看中国,从世界看中国,养成新的"国家大事"观,是这套丛书的主旨之一。

国家意识与个性意识真的水火不容吗?"马云"现象很能说明问题。创业时的马云无疑是位最有个性,最富于创造力的"天才"青年,然而马云及其阿里巴巴的成功首

先是因为在自己的祖国。在国内互联网刚刚起步的时候，马云就慧眼独具地看出，在这片被认为是贫困落后的土地上，却蕴藏着发展互联网商务的最深厚的"洪荒之力"。阿里巴巴现在走向世界了，然而"马云"现象最使我感动的还不是这一点，而是他们激活了全国穷乡僻壤成千上万的家庭或个人加入了他的网络。自1968年起，我有十多年时间生活工作于多个这类贫困地区，深知当地人贫困却又淳朴到何等地步，也因此，现在网上购物时，我点击的手指就经常会不由自主地滑向这类电子商户，而同时总会掠过一个念头：马云们真的开创了远较政府资助有效十倍的不世功绩。马云的故事与众所周知、日益庞大的"海归"现象，启发了我们这套丛书的又一宗旨：如何从国家的发展态势与战略目标中，寻找到个性发展的确切定位。

　　由上述的出发点与宗旨，丛书采取了一种新的表述形式，它是时政性的，又是历史文化性的。它由一个个当代青年应当关注的热点时政话题切入，并扩展开来，追溯其历史文化渊源以及这种渊源在当今世界格局中的嬗变，从而使时政话题变得更丰厚，使历史文化变得更生动。希望以上设计，能成为当代中国青少年"弘毅"品格培育的一点助力。

赵昌平

前言 *FOREWORD*

关于汉字形义和汉字文化的书很多。其中大多数通过分析字的结构，关联相应的词和概念，一路沿着古籍、史书中的记载，说明该字的使用；另有一些则沿着概念展开，如车字，讲车的构造和演变、战车在历史上的作用等，洋洋洒洒地讲述一番，有较好的阅读性和普及性。

本书立足于字本体，所涉及的词汇和古籍，只是作为字象阐释的基础。本书的宗旨是让字来说话，而不是进行概念展开。笔者认同18世纪意大利人文思想家维柯以拉丁词源研究古代思想的方法，坚信德国哲学家海德格尔的著名论断："语言是存在之家。"

就汉字本体而言，其自身也是一种存在。汉字的形义体现了这样的存在，不同于索绪尔讲的任意性原则。我们追随汉字的存在，叩问其中的真理，即字道（字中大道，字来道说）。这涉及字的原型，进而还原造字之初的文化历史和心理的立体画面。

汉字，从甲骨文开始，迄今有3200多年的历史。汉字习惯上被称为象形文字，但作为构字方法，象形只

是其中之一。东汉著名文字学家许慎在其旷世之作《说文解字》（第一部字源书）中提出"六书"，系统提出汉字的构造原理。所谓"六书"就是象形、会意、指事、形声、转注、假借，其中象形、会意、指事、形声主要指"造字法"，转注、假借指"用字法"。

象形属于"独体造字法"，指用文字的线条或笔画，把要表达物体的外形特征，具体地勾画出来。例如"月"字为半月形镰刀的形状，而"日"为中间带点的圆形；"山"为山脉之形（中间高山，两边为稍低的山丘），"龟"字像一只龟的侧面形状；"马"（馬）字就侧重马首（有马鬣，俗话讲马面长，"馬"字也显示马之长脸）、有四腿和马尾的形状，"牛"和"羊"则突出其角（牛是内收的角，羊是外展的角）；"门"字是左右两扇门的形状（繁体字为"門"，象形程度更高），"斗"（繁体作"鬥"）像两人面对面举拳格斗之形；同样，"闹"（繁体写作"鬧"），指集市中的争吵。象形字来自图画文字，但比较简约，具有象征性质。

会意属于"合体造字法"。会意字由两个或多个独体字组成，以所组成的字形合成来表达此字的意思。如"休"字，以人在树下（文字学通常用"从人从木"来表达）表示休息；"解"字用"刀"加上"牛"和"角"，本义是解析牛角；"女"生"子"为"好"，"日""月"为"明"；双"木"为"林"，三"木"为森；"阋"（繁体为"鬩"）为亲人（"兒"是"儿"的繁体，表示亲缘关系）之"斗"（"鬥"），"妇"（繁体为"婦"），会意拿扫帚的女人；"见"（繁体为"見"），"儿"（人的象形）上面加个"目"，强调看。

指事属于"独体造字法"。在象形的基础上，增加较抽象的笔画来"指事"。例如"刃"字是在"刀"的锋利处加上一点，作为标示;"上""下"二字则是在主体"一"的上方或下方画上标示符号;"血"在器皿的上面画个记号表示血,本义是祭祀时献给神明的牲畜的血;数字一、二、三,都是抽象的笔画,指事其数目;"旦",下面一横为大地的指事。这些字的笔画都有较抽象的成分。

形声字比较复杂,有不同构成,涉及"用字法",我们先介绍一下转注、假借。

关于转注的定义,专家们说法不一,简单地讲,就是意义相同或相近的字彼此互相解释,即互训。但也不是随意互训,否则就是同义词、近义词了。转注字的互训指同一个部首,意义相同或相近的字间的互训,如"多"与"夥","火"与"燬"。一般讲,转注字的形成与古今音变、方言差异关联。

假借,是指语言中没有现成的字,就借用音相同的字表达,即许慎在《说文解字》中所说的"假借者,本无其字,依声托事"。"北"字,甲骨文字形像二人相背。北方的"北"无形可像(方位字都是借字),就借语音相同的"背"来表示。"我"的甲骨文字形为三齿兵器,借来表示第一人称,其他人称代词也是假借。文字学家通常认为,假借字仅仅借其音,与其字义无关,如"西"为鸟巢形,而方位字的"西"与本字无关。笔者以为,从文献角度讲,很难找到借字的线索;但从文化人类学、分析心理学的角度讲,假借字或有一定的无意识理据。如"我",因其兵器的强大,很容易借做自我的强大(我常常与"大"关联,自大也)。

形声属于"合体造字法"。形声字由两部分组成:形旁(又称"义符")和声旁(又称"音符")。形旁指示字的意思或类属,

声旁则表示字的相同或相近发音。90%以上的汉字属于形声字。例如"樱"字,形旁是"木",表示它是一种树木;"婴",表示它的发音。还有一些字音,由于古今音变,声符发音与字音已有差异,如"篮"字形旁是"竹",声旁是"监",发音有所不同。以前讽刺读书人识字不求甚解,叫做"秀才识字读半边"。不过这个音主要是指近古以来的中原音,汉语其他地区的方言音,可能还保持着古代的发音,依然可以读"半边"。如"沙",上海郊区的川沙话就念"少"。

一般认为形声字的声符只是表音,没有意义。其实很多声符字都兼带字义(所谓"音义"),其中涉及声符字的本义、引申义、假借义等。

其一,采用声符字本义的,如"琀",指古代含在死者口中的珠玉,其字义包括在声符"含"字中。"暮",日落时分,其声符字"莫"的本义就是傍晚。"嗅",声符字"臭"的本义为鼻闻。

其二,采用声符字引申义的,如"娶",义为取妇。"取"的本义是割取战俘的左耳(从耳从又,又为手的象形),引申为夺取。"娶"暗含着古代抢婚的习俗,取妇,如同抢劫战利品。"境"为疆界,其声符"竟"(从音)的本义是乐曲终止,引申为终结、尽头义,"境"从土,为土地的尽头。中医的脏(繁体为"臟")腑,其声符字也是"藏""府"的引申。

其三,假借字上加上形符,如吴公,借音而写的字,为别其义而增加形符虫字旁:"蜈蚣";"皮"为声符的字,假借皮字音的偏斜义而形成"颇""跛""坡"等字;"每"作为声符字,假借每字音的黑暗义而形成"晦""霉""梅""诲"等字。换言之,很多假借字最后都发展为形声字。

其四,转注的结果产生形声字。前面讲过,转注与方言有关。如"好"是通语,"嫽、媌、姣、姝"就是转注而来的方言变体。

其五,语源义构成的形声字。这部分的比例很大。所谓语源义,就是声符字的音义与其字的本义没有直接的联系,但有一定的抽象含义。如"甬"声衍生出的形声字"通、桶、捅、蛹、筒"等都有中空义。中空不是"甬"(大钟)的引申义,只是"甬"字所载的音义,即语源义。不过,若寻根究底的话,"甬"的本义为大钟,大钟本身有中空的意象,或许为其音义的来源。

还有些省形的声符,如"宋",其声符为"松",省去其中的木,表示有松树簇拥的房子。"谈",许慎的解释是:语也,从言,炎声。清代文字学家段玉裁认为是:从言,淡声,平淡之语。"谈"的声符来自"淡",省略其中的水。有的既省形,也省声,如"觉",从见,学省。

以上简要地介绍了汉字的构成原理,从中我们看到汉字的形义关系。

汉字如一条源远流长的大河,它的原型储存在源头,即字源。但是很多情况下,对一个字的字源,文字学家往往有不同的解释,对有些字甚至有超出10种的不同解读。这造成了很多纠结,因为我们不是简单解析字的形义,而是把字作为本体结构来探索其无意识的原型。这需要选择其中最合理的解释。如何判断字源解释的合理性?笔者以为要从汉字形成的大背景出发(详见笔者所著《汉字情》一书的前言),从文化史研究的大小传统出发(当代学者叶舒宪的方法),对汉字原型作心理分析。其中巫术神话的背景今天看来很特殊,但在古代世界那却是最

基本的。很多字离开巫术神话背景很难解释。这方面日本汉字学家白川静的研究别开生面。

原初的汉字浓缩着上古的故事，原型也是。在笔者看来，字源解释的很多歧义，一旦回归原型分析，多能转化成一个整体的不同方面，就像三视图的三个侧面，从平面角度看各有其理，互不相让；但从立体角度看，就是一个物体。此外，对汉字的不同解释，有时更像一个连续动作的"截图"，一旦看成是动态过程，那些"分歧"立马"融合"。为了显示这个过程，笔者有时不得不复述已有的不同观点，让读者明白字源研究的复杂性，也显示汉字原型是建立在意义整合的基础上的。笔者以为单凭主观喜好选用某个字源解释是远远不够的，只有充分吸纳现有的各种解释，并整合到一个模型中才是本书的目的。

汉字原型涉及人类心灵的深层结构，这方面往往中西相通。因此在谈论汉字字源时，本书中也不时比较对应的印欧语言的词源，相得益彰。此外方言字及其用法也是相当重要的原型分析路径，因为其大多保留了通用语所忽略或"遗忘"的信息。

关于汉字音义，又是一个重要线索。深受索绪尔任意性原则影响的学者，对此多有疑义或拒绝接受，不承认语音有意义。但是音义派从右文学说开始，不断完善。如清代文字学家段玉裁在《说文解字注》中提出的"以声为义"说；另一位清代文字学家朱骏声则在他的《说文通训定声》一书中，一反《说文解字》体例，"舍形取声，贯穿连缀"。晚近时期，章太炎对汉语同源字作了全面的研究；黄侃以声音训诂贯穿小学根柢书的研治；杨树达受西方语源学的影响，思路开阔，考释了大量的同源词；沈兼士系统研究了"右文"说，评判了历代"右文"

说的得失，揭示了语源孳乳分化的一般规律。

现代语源学的发展以王力的《同源字典》为标志，其后有刘钧杰的《同源字典补》。任继昉的《汉语语源学》(1992年)是中国语源史上第一部通论性的著作，有开创之功，研究系统而深入，大大细化了词族关系。殷寄明的《汉语语源义初探》《语源学概论》《汉语同源字词丛考》，综合诸家之长，提出语音、语义亲缘关系类型，系统地论述了音义的多重组合。张博的《汉语同族词的系统性与验证方法》，强调音转义衍的规律性和汉语同族词的系统性，且从文化和比较语言学的角度深化了同族词的研究。黄易青的《上古汉语同源词意义系统研究》同样细化、深化了上述语源研究。而齐冲天的《汉语音义字典》概括总结了这个领域的研究成果，梳理出绝大多数形声字的音义关系，并建立了他独特的声母和韵母双重意义说。

本书选择的24个汉字，取自社会主义核心价值观的12个概念。从现代语言学的角度讲，用以表达12个概念的24个汉字仅仅是个符号，与其本义没有直接联系。的确，这些概念大多属于现代政治哲学的范畴，与字的本义似乎相去甚远。但是从语言文字的无意识构造角度讲，两者存在某种相关性。因此，我们在分别讲述其字的原型意义后，适当提示其概念用字间的内在关联。

虽说是24个字，但围绕着这些核心字，本书也旁及和引申出相应的声符字、同源字和异体字。这样，书中实际涉及的字大概100多个。大量的"衍生"字，有助于扩大读者的视野，活跃其思维，加深对核心字的理解，从而让读者深深地感悟汉字结构的有机性、汉字音义的系统性。

本书为了表述方便经常引用古代字典,其中最主要、最著名的当属汉代文字学家许慎的《说文解字》,还有《释名》《尔雅》等。作为青少年读物,本书正文中没有用注释(需要的读者可以发邮件至lojump@126.com了解相关情况),所引文献直接放入书后的参考文献。

　　本书插图部分来自网络,另一部分来自名画,还有少量专门请人绘制。谨向所引用图片的作者致谢!

目录 CONTENTS

1 富 强 / 1
  1.1 富：大母神的力量 / 1
  1.2 衣食无忧 / 3
  1.3 强：无畏的螳螂 / 8
  1.4 疆：弯弓守疆土 / 10
  1.5 农耕与游牧的交汇 / 12

2 民 主 / 13
  2.1 民：有刑印的奴隶 / 13
  2.2 民：众多与生命力 / 16
  2.3 主：灯芯的主宰 / 20
  2.4 "民"而"主" / 23

3 文 明 / 25
  3.1 文：纹身的巫术 / 25
  3.2 文：遮蔽与消解 / 27
  3.3 心"明"慧眼开 / 30
  3.4 "明"与"名" / 33
  3.5 文明以止，人文也 / 35

4 和 谐 / 37
- 4.1 禾：神圣的谷物 / 37
- 4.2 "保合太和" / 40
- 4.3 和合与中和 / 43
- 4.4 谐：同心同德 / 45
- 4.5 "和"与"谐" / 47

5 自 由 / 49
- 5.1 自：鼻子与自我 / 49
- 5.2 由：容器与演化 / 53
- 5.3 创生与自由 / 57

6 平 等 / 60
- 6.1 平：呼吸舒缓 / 60
- 6.2 等：齐简也 / 65
- 6.3 机会均等 / 68

7 公 正 / 71
- 7.1 "公"为何物？ / 71
- 7.2 祭祀的公共性 / 74
- 7.3 征服与正义 / 78
- 7.4 强大与公正 / 82

8 法 治 / 83
- 8.1 法：从刑法到规范 / 83
- 8.2 解廌与皋陶 / 88
- 8.3 治：从治理到福利 / 92

9 爱　国 / 95
- 9.1 "恶"：灵魂的呼吸 / 95
- 9.2 "爱"：生命的回归 / 99
- 9.3 国：城邦的守护 / 102
- 9.4 力量的源泉 / 105

10 敬　业 / 107
- 10.1 "敬"向何方？ / 107
- 10.2 羌人的祭祀 / 110
- 10.3 业：大版的故事 / 113
- 10.4 敬神与敬业 / 117

11 诚　信 / 119
- 11.1 成、城、诚 / 119
- 11.2 斧头、感应与自我 / 123
- 11.3 人言为信 / 126
- 11.4 "言"的特殊性 / 129

12 友　善 / 132
- 12.1 伸出你的右手 / 132
- 12.2 善：神判者与调和者 / 138
- 12.3 "友"同而和"善" / 143

参考文献 / 145

后记 / 147

1. 富　强

　　富与强，相辅相成。就国家而言，富主要指经济能力；强则较多地体现为政治、外交和军事方面的强悍。富强，便是指有雄厚经济基础的强大的综合国力。

 1.1　富：大母神的力量

　　什么叫"富"？坊间常见的解释是有房有田。把"宀"（屋顶屋檐象形）看成房屋，诚然不错，但把"畐"（音fu）看成是"一口田"，就是"望字生义"了。"畐"是楷书的写法，而在甲骨文、金文中，畐是"长颈鼓腹圜底"的酒坛。《说文解字》的解释是"畐，满也"。这表明，畐是装满酒的酒坛。因此，富的本义为：屋里储存着灌满酒的坛子，实指小康殷实之家。富，反映了远古农业发展到一定程度，在粮食收获比较充裕的条件下才有了酿酒需求。公元前2800—前2300年的中国龙山文化遗址出土的陶器中，有不少尊、斝、盉、高脚杯、小壶等酒器。这些酒器都是"富"的象征。古人用酒祭祀神灵，那就是"福"。古人认为福是上天神灵所赐，祭献美酒以求多福。

"畐"的体量可能比一般酒器大,形状有点像大腹便便的富态贵族。因此,"畐"加上人字旁就成了"偪"字。"偪",音bi,与"逼"字音义相通。西汉扬雄所著《方言·六》的解释是"腹满曰偪"。想象一下,一个腆着大肚子的人,其体型是否像个酒坛啊!"自带酒坛"的身材想必走路很憋屈。"逼"从辶(行走)从畐(这里表音兼表意),大概就是指那些大腹如坛者(今日俗称啤酒肚)行走时的窘迫模样吧。

图1-1 家有酒坛谓之"富"

远古母系时代,人们推崇的大母神,其雕塑多半有着大大的腹部,也像个酒坛。其大腹是大地富饶的象征。与腹相应的"肚"字,以土为声符,直接显示大地母神的特征。汉字的"妇",其音义可能承载着"畐"的意象(妇与畐,古音相通)。在原始思维中,酒坛、躯体(躯,声符区,像收藏物品的器物)等,凡有容器属性的,都象征着大母神。大母神生生不息。古代社会,一直到20世纪六七十年代的中国家庭,兄弟姐妹数多在3-8个之间,彼此年龄呈两岁等差数列的排列。妇女多育,当时叫光荣妈妈,也就是"大母神"了。在传统观念中多育也是富裕的代表。

"畐"的大体量,也体现了某种"富"态。法国作家拉布吕耶尔笔下的富人形象,生动表现了"畐"形人物霸占公共资源、公共空间的张扬特征:

吉东肥头大耳,膀大腰圆,容光焕发,目光自信,步态轩昂。他摊开一块大手帕,大声擤鼻涕;他把痰吐得老远;他打喷嚏如雷贯耳。他白天睡觉,晚上也睡觉,而且睡得又香又甜。他用餐或散步时,总比别人占据更多的位置。他同别人一起散步时走在中间,他停下,别人也停下;他往前走,别人也往前走。所有人都跟着他的步调。他说话时别人得洗耳恭听,别人对他的意见要点头称是,对他传播的消息深信不疑。他跷二郎腿,放声大笑,动辄大发雷霆,他无所顾忌,故弄玄虚,认为自己有才华,机智。因为他是富人。

总之,富就是财产充足。以富字起头的词汇中,富裕、富庶、富饶、富实、富有、富足、富余等都是富的同义词。我们注意到,这些同义词中,前面三个比较形象,更有意味;后面四个相对抽象,侧重概念。

1.2 衣食无忧

富裕,通过"裕"来补充富。裕是形声字,《说文解字》曰:"衣物饶也。从衣谷声。"裕本义是衣物丰饶,引申为财物多。细心的读者可能发现裕音为yu,而谷音为gu,谷如何成为其声符的呢?原来谷的同源字为"峪"(yu),谷也是峪的本字。裕的声符可以看作是峪字的省略形态,这样对上述就容易理解了。

再回到"裕"。表述衣物的多,为什么用谷作为裕字的声符?让我们看看谷的本义。谷,甲骨文字形,上面部分像水形而不全,表示刚从山中出洞而尚未成流的泉脉;下面象谷口，本义是两山之间狭长而有出口的低地。

简单地说，谷就是溪谷或山谷，其间多有涧溪流过。从地形上看，有点像炒菜锅的形状（上面开阔，底部狭窄）。这么说，谷便是大自然的容器，包含、包裹着其中的水土和动植物。这种包含、包裹的属性，加上衣字旁，便是衣服的包含、包裹功能。的确，衣服也可以看作是容器，包裹着身体。胎儿在子宫内有一层胎盘作为其生长和营养的空间；胎盘又称包衣或衣包，想必衣包是人生之初最贴身的衣服吧。

老子说："谷神不死，是谓玄牝。"这里的谷神，老子以其溪谷低凹地带水草丰茂的生态，喻作一个巨大的生殖器。所谓道生万物，万物由是而出。生生为大（一代代几何级数的增长），所以"裕"有意无意地借用谷地的富饶来表示衣物的富饶，亦即衣物宽大，绰绰有余。

诚然，古人衣服多宽大有"裕"，如女子长裙拖曳慢行（类似今日新娘的婚纱）。而袖子之长也大大超出手的长度，迄今京剧、昆剧、闽剧、粤剧、沪剧等地方戏剧中的人物服装还保留着长袖宽带的特征。这也体现在我们的成语中，如长袖善舞、拂袖而去、袖手旁观。如果衣料不够，那就表示穷困，如：捉襟见肘。

总之，古时候富人阶层的服装体现布料的各种形态的富"裕"，而穷人或劳动者，其衣服用料显得"简俭"。戏剧中小姐和丫鬟的装束也说明这个问题。大家庭的丫鬟、佣人需要干活，衣裤自然简约贴身为便。而今年轻人追求超短裙裤，乃至破洞衣裤的时尚，与古人心目中着装的富

图1-2 古代女服宽袖长裙,以显其"裕"

"裕"和高贵反差巨大,其中的缘由发人深思。

富裕的"裕"涉及衣物的富足,那么富庶的"庶"呢?

庶的基本含义为多,或众多。《说文解字》曰:"庶,屋下众也。"《诗·大雅·卷阿》:"既庶且多。"庶的相关词有:

庶类（众多物类）；庶官（百官）；庶士（众士）；庶事（诸事）；庶草（百草）等。除了众多含义，庶还表示平民百姓，即庶民。

甲骨文"庶"字是石下有火的会意，石也是其声符，即"煮"的本字。"庶"之本义，乃以火燃石而煮。早期人类生活在洞穴里，用柴火焚烧石块，令其发烫发红，狩猎而来的兽肉直接放在石板上烤。当然也可能把石头、石块烧得通红，再投入水中，使水沸腾。此时肉食也投入沸水中煮烧。"庶"为煮烧，那么其众多含义是如何产生的？

使用火是人类发展史上的重大事件，也是人与动物区分的基本标志。人类用火，不仅煮烧食物，还可以取暖、照明、驱赶野兽。这样就形成了一个以火为中心的生活圈。直到上世纪，中国边远地方的少数民族房屋依旧以火塘为中心，维系日常生活。这样，"庶"也有了火塘的意象。

建立一种以火为核心的生存空间，是人类文明的象征。古印欧语aidh本义为"燃烧"burn，衍生出aestival（夏季的），与heat同源；同时也衍生出house，即edifice（房子）；house的中央是火塘，是热的，故有hearth（壁炉、灶台）。Hearth在房屋的中心，是家族圣火所在，如同宗庙，非常重要。古代希腊就有守护灶台、灶火的女神希斯塔（Hestia），罗马人则称之为维斯塔。

"庶"本质上与hearth相通，是家族人气、人心聚集的地方。家人、族人围绕着"庶"（火塘）进食、歌唱和舞蹈，就像后世的篝火晚会。因此，"庶"体现了众人围炉之象，进而发展为众人、众多的含义。

另一方面,"庶"是"煮"的本字,而"者"又是"煮"的本字,者与庶也相通,都关乎围炉或火堆。既然庶有众人围炉之象,那么,者也有类似意象。由此,一些以者为声符的字也有众多意象,如诸、储(物多而储存)、猪(猪崽一窝十几个,众多)、都等字。都,有聚集义,如都城,人口聚集的地方。

富庶之"庶"还指会餐的地方。在吃的文化中,吃的行为等同于生存、生活。从前我们遇到熟人的习惯问候语就是"饭吃过没有?",吃饭的地方也成了社交的场所,直到今日,宴会、宴席,都是朋友、同学、同事聚集相会的基本场合。

家乡的乡,繁体作"鄉",中间是食器,左右是跪坐的人。所谓老乡,就是一起吃饭的人(英语的company或companion,也有类似的意象;其中com是共同,一起;词根pa-,指吃的意思)。乡亲便是在共进餐食的交情中建立起来的社会关系。

"庶"从一群人围着火炉到族人、村落的聚集,显示那个地方物产丰富,人丁兴旺。这如同今日的经济发达地区,人口也高度集中(人口导入区)。这正是"富庶"所在。

富裕之"裕"与富庶之"庶",都是富义的补充,但其字源却揭示了富的深层意蕴:衣服的富余和食物的富余。衣服和食物是人类生存的基础。古人说衣食无忧、丰衣足食就指能满足最基本的物质需求。衣食需求也可对应于马斯洛需要层次理论中的生理需要(食物)和安全需要(衣服)。

1.3 强:无畏的螳螂

强的组词:强大、强壮、强健等,多体现阳刚特质。而"强"字从弓,也有大力士弯弓放箭的雄姿。但是《说文解字》对"强"的解释,却令人迷惑。他说:"强,蚚也。从虫弘声。"强是一种叫"蚚"(qí)的虫。而"蚚"在古代字典《玉篇》中的解释是:"蚚,强蚚虫。"又释为"米中蠹小虫"。通常人们就把"强"解释为米中小黑虫了。

从弓而阳刚的"强"居然是米中小黑虫,与字形差异太大,有点不可思议。"强"从弓,"蚚"从斤音,斤即斧斤、斧头,都有强悍的元素,怎么成了小黑虫了呢?但是《康熙字典》"蚚"字条目中存有"螳蜋一名蚚父"的记载,还有人考证出"强"的本义是螳螂。

"强"之螳螂说,令人眼前一亮,强的形义结构也随之通顺明朗。

回到《说文解字》:"强,蚚也。从虫弘声。"强的异体字为"強",显出弘字。"强"之为螳螂,从虫,容易理解,属于昆虫类动物;从弘声,稍微复杂,但很关键。古文字学家认为"弘"从弓厶声。厶实为厷(即肱,臂膀)。因此,弘"像驰弓有臂形",

图1-3 刀臂英雄螳螂

"当为弩之本字"。弩,弓之有臂,射箭发力所依。其实弓臂与弓弦是弓的最基本结构。弓臂是发射架,弓弦是动力源。

弘从弓,主要显示弓臂之力宏。强(螳螂)从弘,则喻其前臂壮如弓臂。其实手臂和弓弩都是力量的象征,彼此相通。《说文解字段注》:"厷,臂上也。臂,手上也。古假弓为厷。二字古音同也。"张弓之雄,犹如振臂之伟;反之亦然。因此,"强"(螳螂)字强在其臂膀之雄武,如同武器。英文武器arms一词,即从手臂arm出,古希腊神话中的百臂巨人,即大显其臂力之凶猛。

手臂与武器的关联也体现在螳螂的别称"蚚"字上。蚚,从斤(斧头)声,表示其张扬的前臂就像一对斧头。诚然,螳螂有三对足,前面一对足(或谓前臂)粗大呈镰刀状。所以螳螂也叫刀螂。螳螂个性坚强,无所畏惧。《庄子·人间世》说:"汝不知夫螳螂乎?怒其臂以当车辙,不知其不胜任也!"这就是"螳臂挡车"的由来。

不过"螳臂挡车"还真有典故。据说春秋时期,齐国国君齐庄公有一次出外打猎,当他坐着车子行进的时候,忽见路当中有螳螂伸展双臂,昂首怒气的样子,试图阻挡前进的车轮。齐庄公问御者:"这是个什么东西?"御者回答说:"这是一只螳螂,它看大王的车子来了,不知退避,反来阻挡车轮,真是不自量力。"齐庄公却笑道:"好一个出色的勇士,我们别伤害它。"说罢让御者绕路让开螳螂。

螳螂的确好强而倔犟。作家流沙河分析螳螂的"强"时,说其固执而愚:"孩时燃一炷香,让螳螂向上爬,算是残酷取乐。螳螂每次爬近火柱,双臂被灼。于是退后两步,舔

被灼处。随即又向上爬,又被灼。虽百灼而不肯回头,固执不可理喻,可谓犟矣。"

在古希腊,人们将螳螂视为先知,因螳螂前臂举起的样子像做祈祷的神职人员。螳螂的英文作"mantis",来自希腊语,其中man的根词为men-,表示思想、精神、迷狂(mania)等。古代先知祈祷时,沉浸在精神世界中。这与"斫"字也有暗通之处。斫,从斤,不仅仅是持臂如斧,也有"祈"的意味,祈,从斤,具有斧钺的神性。

螳螂真是不简单,很强!很强!

 1.4 彊:弯弓守疆土

篆文的"强"字从虫(音kun),彊声,即上虫下彊的结构。强与彊同音而同源,强本义为虫名(螳螂),其强大义是彊的假借。《说文解字》:"彊,弓有力也。从弓畺声。"弓有力就是强大概念的具体形象。弓到底如何有力,尚须考察声符"畺"。

畺,《说文解字》的解释是:"界也。从畕;三,其界画也。疆,畺或从彊土。"畺,从田,三分,表示疆界;也就是说畺是疆的本字。为什么弓的强大与疆土有关?

疆,从土,从弓,从畺(jiāng 田界)。从"弓",表示以弓记步,即以弓来丈量土地。这种解释似乎成了文字学界的通识。但是也不够全面,没有体现"弓有力"的特征。何金松认为:"殷商王国地处中原,与周边的方国没有固定的疆界,交界的地方往往遭到侵犯,需要武装防守;同时大规模开垦的农田也要武装保卫，防止掠夺和野兽的侵害，因此又加上弓字造出疆。"

这就清楚了，疆从弓，与守疆有关。弓如同今日东风导弹系列，拒敌于国门之外，起着威慑作用。疆域与领地守护总是彼此关联着。英文territory（领土、疆域）也体现着这层关系。territory来自terrere，与恐吓、吓唬（to frighten）有关；而terrere又派生出terrible（可怕的）、terrify（恐吓；使恐怖；使害怕）。换言之，territory与terrible、terrify同源，表示疆域守护者（用武力）恐吓、威慑敌国异族远离其领地。

疆土的存在需要强大的实力；实力的强大体现于弓弩的射程。英语的strong（强壮），其同源词string（线、弦）与strength（力量、力气、兵力）似乎暗含着弓与疆的关系，只是其侧重弓弦。

图1-4　弓的射程与领地守护

疆土需要强大的实力来维护，故而疆、彊、强"三位一体"。尽管强是彊的假借，但本身含有弓和厷（肱）的强悍，是武力的显示。话说俄国总统普京秀肌肉，就是秀其军力上的三头肌、二头肌。以畺为声符的字都有强大、强壮、强硬等含义，如僵，僵硬、僵直，带有强硬义；繮，繮绳，强力控制；橿（jiang），木名，质坚韧，古时作为车轮的外周；礓（jiang），硬石子；薑，今简化为姜，做菜的调料。

薑（姜）作为调料，似乎不见其"强"，但作为中药，的确很强。据李时珍《本草纲目》记载，生姜归五脏，除风邪寒热，治伤寒头痛鼻塞，止呕吐等。生姜适用性极广，有补阳强身之功。冬季常服红糖姜茶，有助于提高免疫力，守护身体的疆土。

1.5 农耕与游牧的交汇

富，因粮食丰收而有余粮酿酒（畐），酒坛满庭而有储存积累，体现了农耕社会的富足安详，造成求田问舍、安土重迁的文化传统。显然"畐"之坛坛罐罐，适合定居族群，而不便迁移（"逼"从辶，也可以看成是带着坛坛罐罐迁移）。强，因田猎迁徙而有机动灵活，显示其游牧远行的豁达剽悍，形成逐草四方、驰骋疆场的民族风格。而"彊"之围猎守疆，发展为武力强盛、军事扩展的历史原型。

世界历史中充满农耕民族与游牧民族的对峙、冲突，而最终彼此融合、整合的故事。

2. 民 主

民主一词来自古希腊的平民统治（democracy），当我们用汉字"民"和"主"来翻译这个概念时，不知不觉中带上汉字的特征。我们不仅深入"民"和"主"的原初意象，也可以看到"民"和"主"之间的相互关系。

2.1 民：有刑印的奴隶

从民的古文字形看，有点吓人。文字学家认为"像目中有刺"；或者像眸子出眶之形；或者像左目有一刃物以刺之。结论是：民"表示用锋利的器物刺瞎一目，独立象形，本义是奴隶"。梁启超说，民之本义为奴隶。郭沫若在《甲骨文字研究》中说："周人初以敌囚为民时，乃盲其左目以为奴征。"

图2-1 "民"字的演化

古代战争中,被捕获的俘虏往往就成为奴隶,这在奴隶社会很典型,如著名的古罗马角斗士斯巴达克斯。而在远古,俘虏的遭遇更悲惨,被俘的战俘通常要被割取身上的器官作为其败亡的身份,此有羞辱贬低的意味。其中杀敌或捕敌邀功多半是以割下敌方左耳为标志的。这意味着"取"了对方的性命。所以"取"从又(手的象形)从耳,会意手里拿着割下的敌人耳朵。而"民"则是刺瞎俘虏的左眼,也是以此作为战败者的标志。

凝视"民"字,我们不由思索:为什么要刺瞎左眼(或割取左耳),而不是右眼(右耳)?为什么用刺瞎的眼睛作为奴隶的代称,而不是割掉的耳朵("取")?

在方位象征中,左面表示过去,右面表示未来。有人梦见自己来到十字路口,犹豫了一下,往左面走去。这表示梦者在人生选择的关键时刻,还是回到以前的状态(如复婚)。刺瞎左眼,就是切割俘虏的过去,使其再也不能恢复从前的荣耀和地位,不再能伤害获胜者。

另一方面,"左"在古典观念中表示邪恶。如"旁门左道""意见相左"。英语中的"sinister"(不吉祥的,左边的)源自拉丁语"左边"的意思。"gauche"(笨拙的)在法语中也是"左"的意思。俄语的"nalevo"(向左),也意指"鬼鬼祟祟"。意大利语"mancino"(左),表示"骗人"的意思。英语"left"(左)来源于撒克逊语"lyft",意指"软弱"或"无用"。因此,刺瞎左眼,表示消除其邪恶的力量,使之对己方不再构成危险。

人的面孔中眼睛极其重要,位于五官之首。面、首等字就突出其中的"目"。眼睛是心灵之窗，是灵魂的象征。刺瞎眼睛意味着废除其心灵世界，摧毁其精神人格。眼睛属火，光明所在。刺瞎眼睛，让俘虏生活在黑暗中，失去希望和动力而任人摆布。

至于割取耳朵，是因为耳朵是生命的象征，因为耳朵的形状如同子宫，表示生育生殖。"取"是从身体层面阉割俘虏的存在价值。"取"古文中常作"娶"义，是古代抢婚制的遗留。抢婚是把抢来的女人当做生育的奴隶。

我们经常讲"耳目一新"，耳与目是心灵的两大窗口，所谓"耳聪目明"。"民"，刺瞎了眼睛，"取"，割截了耳朵，作为俘虏，就一无所有了。

"民"的刺瞎义在以后的语义演变中，渐渐形成遮盖义，故以民为声符的字大多有遮蔽的含义，如泯（泯灭，消失在水中，被水遮蔽）、抿（手遮住）、岷（山名，想必有云遮雾罩之象）。美国汉学家郝大卫、安乐哲认为："'民'字有许多同源字，都有'迷蒙和混乱'的意思，如'泯''瞀''昏''惛'等等。甚至作为玉的'珉'也往往被称之为假玉，因为它们缺少真玉的光泽，故君子不屑一顾（见《荀子·法行》）。几种古代经典还定义'民'为'冥'或者'冥'的同源字'瞑'，即黑暗和混沌的意思。"这种遮蔽和混沌亦指心智的遮蔽和混沌，即蒙昧，也就是"冥昧无知""无知未化"。

"民"义的演化，似乎暗含着这样的逻辑：刺瞎俘虏的眼睛，导致对方盲目，进而把这类奴隶人贬为"盲目"者，久而久之其就成了盲目无知的代号。这大概是在国家形成

后,逐步发展出来的统治者的逻辑。

"民"之本义演绎出蒙昧无知、混沌迷乱、昏黑遮蔽等隐义,这些隐义构成了"民"的无意识原型。尽管"民"的本义已被遗忘,但"民"的"卑下"原型还是保留下来,如难民、流民、饥民、贱民、灾民、殖民。一般讲,民是被统治者,为社会的底层(与社会精英对应),其组词也反映了这一关系,如民女、民居、民风、民歌(与宫廷音乐、高雅音乐对应)、民俗、民团(地主豪绅的地方武装,与正规军对应)等。

甚至在现代词汇中"民"也蕴含着非正规的意味,如民兵(不脱产的群众性武装力量,与职业军人对应)、民营经济(与国有经济对应)、民办学校(与公办学校对应)等。

当然,随着社会发展,"民"的这种"卑下"的隐义也在蜕化,如人民、公民、市民、军民、选民、居民等,已不复有本义的痕迹,"民"获得解放,获得新生。

2.2 民:众多与生命力

《说文解字》:"民,众萌也。"古文萌与民相通。萌,萌芽、萌生的意思。古人认为人是受天地"中和"之气孕育而生,犹如大地孕育种子;同时,古人也认为民如植物:"视民如草芥",为"芸芸众生"。

"民,众萌也",这个定义有两个含义。其一表示多,民众、群众等都是众多的意思。古代社会,民是被统治者,地位低下,被看作草芥、草莽、草民,是漫山遍野的草丛,众

图2-2 草根的活力

多而廉价,不被看重。迄今民间还有草根之喻。民、氓、甿、萌古代通用,属于同源字。民的这个概念,相当于今日的群众,有时也表示群氓。

民之多也表现在民众、庶民、黎民等表示百姓大众的词汇中。

众,三人为众,很形象。甲骨文的"众",上面还有个太阳。文字学家据此解释为百姓在太阳下耕种劳作。甲骨文有这样的记录:"大令众人曰:协田。"表示命令众人合作耕田。《诗

经·商颂·臣工》:"嗟嘻成王,既昭假尔。率时农夫,播厥百谷。骏发尔私,终三十里。亦服尔耕,十千维耦。"诗歌描述周成王春祭祈谷,告诫农官率领农民播种百谷,开垦农田。最后一句表示万人齐耕的壮观景象。

如果说"众"体现了西周时期井田上集体耕作的大规模场面,那么"众"上的日,不一定就是实指的太阳,很可能是成王的隐喻(用太阳表示君主,古今中西概莫能外)。这样,"众"意指民众在王的统治下劳作。"众"字演变到金文,上面的日,改为目,亦即后世繁体字的写法——"衆"。目也是隐喻,可能表示农官,有监督民众耕种的意思。

为什么"众"一定表示耕种劳作呢?笔者以为这或许就是"众"字的发音所在。众与种,今音相同,古音也接近。众就是耕种者。耕种者成千上万,所以"众"表示多。

庶的甲金文作上石下火,会意投燃石于盛水之器以煮之。《说文解字》:"庶,屋下众也。"作为名词,庶就是平民百姓的意思,与民构成庶民。由此可见,庶的本义为煮烧食物("围炉"生活),假借为屋内众人聚餐,引申为族人、众人等。

黎也是众的意思,常说黎民百姓。但"黎"字形义比较特别,按照《说文解字》的解释:"黎,履黏也。从黍,省声。"宋代的罗愿在其《尔雅翼》补充道:"古人作履,粘以黍米,谓之黎。"原来"黎"本义是用黍米做的粘贴鞋子的糨糊,假借为众。

"黎"的糨糊义是如何假借为大众的?这似乎不太好理解。

对此，笔者想到英语中的mass，常见义为一团、一块、一堆，也表示大多数、大规模、集中、群众的。因而群众，英文写作the masses。群众的呼声：voice of the masses；走群众路线：follow the mass line。再追溯mass词源，原来是粘好的面团，或像面团一样粘贴在一起（kneaded dough, lump, that which adheres together like dough）。

作为糨糊的"黎"，也是像面团一样粘贴在一起；或者说糨糊也就是面团。糨糊粘贴着他物，不断堆积，那就是多，众多。所以"黎"与"mass"的本义相通。

由此可见，"黎"的糨糊义假借为众多、民众，不是随意的，而与糨糊面团的粘贴堆积有关。民众（mass）是"黏贴"而成的，不是有序化的组织（显得混沌、混乱，这便是mass的同源词mess所谓的"what a mess"），因而"黎"有粘附、比附、贴近意象，"黎明"就是贴近、临近光明，即天明。

"黎"还有一个黑义，也比较费解。笔者以为糨糊或面团不成形，显得无序，混混沌沌、不明不白的，发展为昏暗的意思，进而表示黑暗、黑色。这也是古代统治者心目中的民众形象：昏庸无知如黑夜。而民的本义是刺瞎眼睛的奴隶（眼瞎而一团漆黑）。这样，便出现了倒因为果的判断：民众的心智生来就是昏黑无知的。

黑色在象征学中通常表示事物的低级阶段，尚未成型，所以古代统治者以黑色指称百姓，甚至让百姓用黑布缠裹脑袋。《说文解字》："黔，黎也。从黑今声。秦谓民为黔首，谓黑色也。周谓之黎民。"黔首是等级制的服饰象征。

图2-3 民为水，君为舟

民的第二个义项是萌，种子萌发、生命生长，表示活力动力。这是"民"的积极因素。古人也认识到民的这个特征，如孟子讲的"民为重"；魏征讲的民为"载舟之水"；毛泽东强调的"人民，只有人民，才是创造历史的动力"。

总之，"民"在基层，如同食物链的底端，以量取胜，是谓民众（占整个社会人口的90%以上）；另一方面，"民"的基础性指社会发展的物质（matter）力量，就像大地母亲（mother与matter同源），生生不息。

2.3 主：灯芯的主宰

《说文解字》曰："主，灯中火主也。"清代文字学家段玉裁注曰："其形如豆，今之灯盏也。"古文字学家大多认同《说文解字》的火主说。现代文字学进一步指出："王象灯形，丶象火形。"其小篆字形从上往下依次为：火焰、油盏、灯台、灯座。

文字学家何金松描述道：上古没有发明油灯时，用浸有油脂的火把照明。甲骨文有一字从木，义为主，应是炷的最初用法，后作炬。古代的灯，最初用泥土烧制而成，形状如高脚碗，内中盛油，安上灯芯，便可燃烧照明。有盘的灯出现以后，燃烧发光的灯芯位于灯盘的中心，像小火炬，故表示火炬的主字又义为火炷，是炷的先造字。

主的本义为灯芯（炷），即油灯上用来点火的灯草、纱、线等。主（炷）是维持火苗持续燃烧的载体。灯芯作为火苗的"主心骨"，主持、控制着火的燃烧。因此"主"的基本义（权力或财物的所有者，家庭的首脑）也是从此本义演变过来的。从灯芯功能出发，我们便能很好地理解以"主"为声符的字了。

柱，从木，建筑物中直立的起支撑作用的构件，如：柱子、柱梁、柱石。柱，强调矗立，其立的意象来自灯芯的竖立。假如灯芯不直不立，火苗就东倒西歪，不整齐、不稳定，无法支撑灯火的正常照明。木，即直立的树木，在此突出灯芯的直立状态。柱的支撑功能，用作动词，就是"拄"字了。

柱子是建筑的支撑。主的支撑意象逐步发展为社会担当及其相关的责任。如父母是家庭的柱子，即一家之主。上海本地人称妻子为家主婆，这表明家庭日常之需由她们主持着。企业的支撑、支柱叫企业主。而国家的支撑、支柱为君主。其他社会组织或关系的支撑、支柱也是主，如帮主、盟主、户主、厂主、地主、船主、领主、教主、农场主。主的支撑属性，进而表现为主导、控制、支配或拥有，如债主、买主、施主、业主、失主、货主。

主，就是直立，也是自立。人之当家做主、独立自主、成为主人公等都是源于自己拥有精神和能力等方面的"灯芯"。这是"主"字最为核心的蕴意。至于"天主"等宗教性的"主"，则是支撑信徒心灵的"顶梁柱"。其实"主"

本身就蕴含着"神主"的信息，古代宗庙藏神主的石函就叫"宝"，用来祭祀神主的食品为"飳"。

住，从人，本义是居住，是从停留、逗留义引申出来的。逗留的逗，本义为止。逗的声符为豆，其甲骨文字形，形似高脚盘，用以盛食物。豆的盛物意象与"主"的灯盏意象相似，或者说盛油的灯盏与盛食物的豆，意象相通。

早先人类游牧，居无定所。人之定居，食物保留技术的成熟是个重要条件。所以"豆"（食物保留）与"逗"（定居）意义关联。定居意味着留住，就像游走性的野火（一片片山林地烧过去）固定下来。而"主"的灯芯功能象征着定居生活。住，从人，人带着火种定居，建立文明世界，于是"主"成了自然界的"主人"，所谓"人为万物之灵"（the lord of creation）。如此，人的定居与火苗的"定居"就有了象征关联。

注，从水，本义是灌溉。灌溉，即水的引导，浇灌，也有掌管、主持的意思，引申为注意、关注、贯注。回到"主"的灯芯效能，注的灌溉义实际上"重演"了灯油源源不断地输入灯芯的过程。其中水与油对应，庄稼与灯芯对应。

这个输入、吸收水分或油水的过程，再作引申的话，就是指社会资源源源不断进入某个领域、某个人身上时，他就能主持、控制这个领域，日益被关注，成为领导人物或明星。一个"做主"的人或集团，一定拥有类似灯芯吸收灯油而能发光的机制。

主（灯芯）的机制很有启发。从灯的效能上讲，灯油和灯光是最根本的：灯油提供燃料，灯光提供照明；而灯芯没有发光发热，却最体面，最光彩，叫做"主"。为什么？因为灯芯为无用之用，灯芯的用看不见，却不可或缺。灯芯是载体、媒介，是灯油转化成灯光的平台。

这意味着，企业和社会组织的领导（主），以"灯芯"的形态出现时，效应最大。"灯芯"有点像制度、体制，不以个人为转移。作为个人的领导，致力于"灯芯"的维护，提高灯油转化灯光的效能。换言之，仅当灯芯输送着灯油而释放灯光时，才体现了真正的"主"。这样的"主"才是永恒的、伟大的……

图2-4 古代灯炷，体现灯芯的功能

2.4 "民"而"主"

虽说民主是作为词汇而组合的，但这两个字（及其同源同义字）的字源似乎蕴含着某种特殊的因缘，说来巧合，又好像不仅仅如此。

民，被刺瞎眼睛的人。民所对应的"众"（繁体"衆"），上面却有个眼睛。那是统治者的眼睛。难道说，民的眼睛被刺瞎，成为盲目的人，而需要统治者的眼睛来指导、监督？"眾"最初的写法是从日从众。日为火，为光明，相当于灯"主"。这样，在"民"的相关同义字中，已蕴含着统治者与民众的关系。

主，下面是放置灯油的盘子，上面是火苗。在"主"的结构中，灯油部分象征着民众，而灯火部分象征着统治者。

因此,"主"同样蕴含着统治者与民众的关系。

就古代观念而言,黎民、黔首为黑。在五行中,与水对应的颜色为黑色。"民"因其"盲目"而不见日光("黑"夜),故以水喻民众(与油相似)。而统治者高高在上,是天火,是太阳。史书上多有帝王降生前母亲做吞日梦的记载。于是水和火、地和天构成了民众与统治者的基本隐喻。古代社会强调君主为民做主,是以天或以火为主导。现代社会则主张民自己做主,即地或水上升到天或火的位置。

在《周易》中,乾卦为天、离卦为火;坤卦为地,坎卦为水。乾在上坤在下的叫否卦,表示天地不交。坤在上乾在下的叫泰卦,表示天地交泰。因为周易认为天为阳,其气息往上升;地为阴,其气息往下降。否卦表示阴阳两气分离。同样的,水性向下,火性向上,即古人讲的"水润下,火炎上"。离卦在上坎卦在下的叫未济卦;而坎卦在上离卦在下的叫既济卦。

根据周易思维,"民"与"主"处于分离状态时为否卦或未济卦(意味着上下缺乏沟通)。"民"进入"主"的位置(当家做主);而"主"又能深入"民"的位置,体察"民"的存在(疾苦)时,为泰卦或既济卦。

3. 文 明

文和明的最早组合出现在《周易·贲卦》中。其《象》曰："贲，亨。柔来而文刚，故亨。""刚柔交错，天文也。文明以止，人文也。观乎天文以察时变，观乎人文以化成天下。"贲的本义是杂色贝壳，贲卦表示纹饰。贲卦爻辞从初爻、二爻开始讲足趾和胡须的纹饰，一直到五爻讲山丘园圃的纹饰。因此，通过贲卦，可以看到纹饰在文明中的地位。

3.1 文：纹身的巫术

"文"的古文字，像人身上有纹形，表示纹身（又写作文身）。《说文解字》："文，错画也。象交文。"古籍多有古代纹身习俗记录。《战国策·赵策》："被发文身，错臂左衽，瓯越之民也。"《庄子·逍遥游》："越人断发文身。"《礼记·王制》："东方曰夷，被发文身。"对此，唐朝学者孔颖达解释道："以丹青文饰其身。"

"文"的甲骨文和金文字形，都是一正面直立的人胸前有花纹的样子。其中大多数字形在胸口部位画心形，其次是画上交叉的纹，还有画个圆点的，乃至没有任何花纹（这

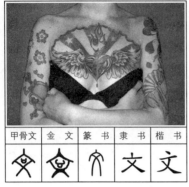

| 甲骨文 | 金文 | 篆书 | 隶书 | 楷书 |

图3-1 "文"在心，纹身而让心力充盈

也就是今日"文"字，中间空白）。从"文"的花纹形状来看，主要是体现心形和交叉形的文身。随着文字运用趋于简化，花纹也缩减为一个圆点，或者连圆点也省略了。

"文"的声符字也保留纹身及其相关的含义，如"抆"，意为擦，大概是纹身的一个基本工序，即以丹青涂抹；雯，成花纹的云彩；玟，玉的纹理；魰，文鱼，即"鳢"；鼤，斑鼠，一种尾巴有斑纹的鼠；馼，红鬃、白身、黄眼的马，即色彩斑斓的马；獖，一种像狗而身上有斑纹的兽；斑，杂色的花纹或斑点；䛑，誉的异体字，讲话拣好的说，带花纹（如某人讲话很"花"，意指美言）的话，即赞美。

纹，从糸文声，指身上的花纹、纹路，表示图案秩序，有很多功能，最主要的还是社会角色的识别功能，显示其社会归属，就像氏族、部落的图腾。另一方面，这样的花纹、纹路对于外界、外人来说，多半成了密码，不可理解。所以，同样从糸文声的"紊"，表示乱。

"文"中画的心形或交叉纹，可能是纹身的实际图形，也可能是一种象征符号。其中以心为胸口符号的文身，带有纹身的巫术功能，强调心的神力。有个从心从文的"忞"字，有两个读音，念mín时，现代字典解释为自强努力。而《说文解字》解释："忞，彊也。"彊，强也（见第一章）。其实"忞"

表示心之神力的强,即纹身让自己变得无比强大,百毒不侵。

《淮南子·泰族训》记载:"九疑之南,陆事寡而水事众,于是人民被发文身,以像鳞虫。"东汉高诱注释道:"文身刻画其体,纳墨其中,为蛟龙之状,以入水蛟龙不能害也。"这也是一种模仿巫术(顺势巫术),通过文身凶猛动物形状而获得该动物的神力。这种做法到近现代还在流行。奥地利皇太子费迪南德在后腰右上方文刺了一条大蛇,目的是防止被子弹打死。刻画凶猛动物的文身,意味着其拥有超自然的神力,这便是"忞"。

古代部落战士经常带有这样展现巫术效应的文身,以便战胜敌方,至少起着恐吓的作用,即让对方惶恐不安而陷入混乱中。因此,"忞"念wěn时,如"忞忞"一词,意指乱,搅乱敌人。这与"紊"的情况相似。人类学家利普斯在《事物的起源》一书中提到:人的皮肤上画上图案,作为一种"心理武器"具有显著效果,会引起敌人的恐惧。古代不列颠人在战争中以蓝色画身(按:文身的初级形态,广义文身),其造成的可怕外貌,曾给罗马的凯撒留下深刻的印象。古罗马作家塔西佗把画身的日耳曼哈里人(Germanic Harian)看成"魔鬼的军队"。第二次世界大战中的黑面袭击队可算他们的继承人。

3.2 文:遮蔽与消解

上一节讲到的"文"的声符字都与花纹、纹路义关联,但还有一些"文"的声符字,其含义却比较特殊,如"吝"

"闵""旻",含义比较消极,似乎很难与纹路图案等挂钩。

吝,今作吝啬解,表示财物等方面当用不用,过分爱惜。吝的本义为悔恨、吝惜,即《说文解字》讲的"吝,恨惜也。从口文声"。吝是《周易》卦爻辞中的常用语。犹言"憾惜",表示行事有小疵而心生遗憾、忧虞之情。

从结构上讲,吝从口,与口的文身或纹饰有关。口的纹饰到底是什么用意?今人已很陌生,文献上似乎也未见记录。但是文化人类学家对一些原始部落的民俗调查,或许为"吝"字构型本义的复原提供了重要线索。譬如,《土著人的隐秘世界》一书提到:毛利人儿童成年后一般都要文身,反复的文身。不仅在脸上文身,而且在身上文身。女人文脸到嘴唇和下巴,用蓝线文乳房和手臂,这表示她们在哀悼死去的亲人。

嘴巴、嘴唇的纹饰关乎悲情,这是毛利人的观念。我们不知道这种纹饰的含义是否有普遍性。不过从吝的悔恨、吝惜义看,好像与此习俗有某种相关性。

在传统象征中,嘴不但是人摄取食物的入口和说话的器官,更是生命气息的首要所在。在古埃及使木乃伊"张嘴"的仪式上,人们用电石尖头和弯曲的斧刃触碰木乃伊的脸,表示恢复亡者的生命力。在古印度教创世神话中,诸神来自第一神祖(Prajapati)的嘴里。嘴与子宫也有许多象征性联系。中国传统相学也有类似的说法,即女人的嘴巴是其生殖器的象征,而男人的鼻子是其生殖器的象征。

既然如此,纹饰嘴巴的"吝"是否与复生观念有关呢(看来"吝"主要是女人的嘴巴纹饰)?好像没有。相反,"吝"

很可能是丧事期间的生育禁忌，避免一切与性有关的行为，以配合丧事面临亲人的空无（正如孝服之白色）。

这么说的话，"吝"的本义应是从丧亲的悲伤、痛惜，发展为遗憾和痛惜之情的。

尽管我们对"吝"的分析，不免有臆测的成分，但文身、纹饰为感应巫术而生，涉及生

图3-2 口纹，对应着"吝"字

死，却是毋庸置疑的。无独有偶，我们注意到还有一个涉及吊丧的字，也以文为声符。这就是"闵"。《说文解字》曰："闵，吊者在门也。从门文声。"闵的本义是吊唁。而"闵凶"意指亲人亡故。闵，从门，文声，与吝从口（门与口相通，门口也）文声，意象相通。看来，"吝"确实隐藏着纹饰嘴巴以悼念亲人的习俗。

至于"旻"。东汉刘熙在《释名·释天》中说："秋曰旻天。旻，闵也。物就枯落，可闵伤也。"旻为秋天，万物凋零，与秋悲关联。

闵的古文字写法为上民下思；而蚊本作"䘇"，其中"文"也与"民"互换。显然文与民相通。民的音义有遮蔽不清义（见本书2.1一节）。因此文的音义含有昏蒙意象，如芒芠，古人指宇宙形成前的混沌状态。而汶汶，表示心中昏暗不明。文的昏蒙音义大概来自"紊"。

我们突然意识到"文"相反相成：既有纹的有序，又

有紊的无序。

面对无序，面对空无而能参透明白，太不寻常了！这有点像得道觉悟者的境界。不是吗？"寬"字就体现了这一境界，从见，从文，面对"文"的空无而生见地、见识（这令人想起《金刚经》的一句话："应无所住而生其心"）。"寬"是谁？原来是觉的异体字啊！

 3.3 心"明"慧眼开

"明"字的形义，有两种情况，其一从"日"从"月"，一般认为是太阳刚升起，月亮还没落下之清早、黎明时分，本义是天明。其二从"月"，从"囧"，"囧"亦声，"囧"象镂孔的窗牖，表示月光从窗外照射入室内，本义是月明。

明的日月结构，也可以理解成：白天为日之明，夜晚为月之明，很自然，也没有更多的内涵。但是从窗从月的"明"——朙（现在作为明的异体字）就不一样了。《说文解字》解"明"也是取从窗的字形："朙，照也。从月从囧。"月光照亮窗口窗户，洒下一片明辉，这就是"朙"。月亮之所以叫月加上亮，也是其明之故。拉丁文的月亮Luna，其语源义也是明亮、发光的意思。"朙"照亮了黑夜中的屋，梦醒了，有点"转朱阁，低绮户，照无眠"的味道。

囧也是心灵之窗。心窗一旦被照亮，智慧就涌现。聪明，即耳聪目明，其实最关键的还是关乎心窗的打开。聪的繁体为"聰"，《说文解字》的解释是："从耳。悤声。"悤是聪的古字。悤从心从囱。"囱"像房屋的窗户，悤正是心窗之意。比较而言，"恖"的本义是心的聪敏，而"聰"的本义是耳朵的灵敏。

心窗，也叫做心眼。眼睛与窗户属性相似，经常互喻，如眼睛是心灵的窗户。window的本义为风眼（wind-eye）。"心眼"一词表示见识与眼力，也指心计。多个心眼，就是留心做某事，心窍敞开着，保持对外界的敏感性。缺心眼，便是心窍不开，懵里懵懂。所以"心明"总是与"眼亮"联系在一起的。

"朙"实际上就是"心明"（囟）加上"眼亮"（月光）。这样，朙就是智慧，如明慧、明眼人。明做动词用，为表明、说明。如"大学之道在明明德。"明明德，意为"彰明光明的德性"，或者"彰显明慧的德性"等。英国汉学家理雅格（Jmaes Legge）把"明明德"翻译成："to illustrate illustrious

图3-3 月光映照窗户，也是心窗启蒙之喻

virtue"，刻意传达出汉语的结构，用词也对应汉字"明"的意境。因为illustrate（阐明）与illustrious（出色的、杰出的）同源，其词源的主体为in和lustrāre的组合。而lustrāre为发光，源自拉丁语的lucere，进而是lunar（月亮、月光）。

因此"朙"字暗含着这样的意蕴：人类的心智在无意识昏暗中摸索着，终于心智开通，心窗敞开，月光射入心灵，

于是"明白"了。

"明"的声符字不多。其一是"萌",萌芽、萌发,种子发芽,幼苗破土等,故萌有开始的意思。从植物生长的角度讲,种子,尤其是大自然野生的种子,通常经历漫长的冬天在春暖花开之际出土萌生。春从草从日(表示气候暖和),加上声符屯。屯为种子象形,有艰难的意思,表示种子在地下土壤的黑暗里艰难地生长。就"萌"而言,种子一旦破土,在地面上发芽、成长,即得到日光的照"明",可以产生光合作用了。也就是说种子见到天光,心眼开了,获得生命的动力。

其二是"盟"。盟,歃血盟誓之意(从皿或血,明声)。古代结盟要发誓。《释名·释言语》:"盟,明也,告其事于神明也。"照刘熙的说法,盟誓是向神明表明心迹,故从明得名。神明,照荣格心理学的说法,属于内心深处的智慧原型。盟就是唤醒这种内在的智慧。

发誓而明心迹,而启动智慧。这在远古很寻常,但于今人恐难理解。对此不妨探究一下"知"字。知道、知识的"知",为什么从口从矢(也是声符)?文字学界有两种说法:其一认为"知理之速,如矢之疾也"(徐锴),表示掌握事理如矢箭般快速;其二认为从"口"从"矢"表示快速地知道、懂得事情,说话便可一矢中的。清人段玉裁注云:"识敏,故出于口者疾如矢也。"

笔者以为"知"从口不是一般的讲话,这个口可能与发誓相似,是形容口发出的誓言,效力强大,像箭一样射出去,不可阻挡。或者说,知的最初含义很可能就是某一种咒语，像箭一样的咒语，穿破心灵的黑暗。于是智慧就出现了。"知"再下面加个日字，那就更加清楚了，是光的明照。总之，"知"的深层意蕴表示誓言、咒语打破心灵黑暗，从而唤醒你的心灵，心明而明白，明白即智慧。

 ## 3.4 "明"与"名"

"知"或"智"让自我摆脱无意识的黑暗，走向理性的光明。这个过程，是通过语言（最初伴随着咒语）来实现的。换言之，知识或智慧带来的"明"（明慧、明白），是建立在"名"的基础上的。明与名也音义关联。正如东汉时期的《释名》一书所说："名，明也，明实事使分明也。"

语言是人类独有的交往方式，是人之成为人的基础，其作用无论怎么说都不为过。在汉字中，"名"就是语言的名片。《说文解字》说："名，自命也。从口从夕。夕者，冥也。冥不相见，故以口自名。"这句话的意思是："名，自己称呼自己的名字。由口、由夕会意。夕是夜晚的意思。夜晚彼此看不见，所以自己称呼自己的名字。"

这当然是从常识角度作的解释。其实"名"极富哲学深意。名之夕自然有夜晚的意思，但更多的是象征意义。从夕为冥，表示冥冥不可查的状态，是无意识的深渊，事物的本体，也是神灵的隐秘世界；从口为明，一旦命名说出，则天下大明。

换言之，夕作为无意识的黑夜，代表人性中的混沌朦胧，昏暗野蛮；口之为人的语言，照亮了无意识的黑暗，从无

意识当中唤醒自我的存在。"鸣"是唤醒的基本方式。鸣与名音义相通,名是用以鸣叫的(称呼)。所以有名和无名是不一样的,无名状态是混沌的、不确定的状态;而有名就是意识明朗状态,是理性和明智。

名之"鸣"就是呼叫光明,呼唤理智和秩序。在拉丁语中历法(calendar)一词,其词根为cal-,意为call(呼唤),说明历法是一种时间秩序,与"鸣"叫关联。

存在主义心理学家罗洛·梅在《爱与意志》一书里提到命名与原始生命力的关系。他讲的原始生命力相当于弗洛伊德、荣格的无意识。他说只要对心灵深处的原始生命力加以命名,就会战胜恐惧,战胜疾病。这犹如解答数学应用题,先要给纷乱无序的关系设置未知数和参数,让它们固定住(建立方程),进而顺藤摸瓜进行解析。

名与命音义相通,名的背后是其天命,故取名又叫命名。在古代人看来,名是有灵魂的,通常就是那个人的灵魂。因为名与命同源,小孩发烧生病,民间就有屋顶呼名招魂的习俗。呼唤名字时,其人的灵魂也就出动了。名字一旦被妖魔等恶势力控制也很危险的。所以古代有姓名忌讳,生怕被敌手用巫术施法、暗害。出于名的安全,当然也是尊重,小辈不可直呼父母的姓名。皇帝的名更是不准说,也不敢说。

名或语言是文化世界中最基本的符号。有了语词就有了世界。一个正在学习说话的儿童,都会产生"对名称的渴求"(hunger for names),以便消除"他那含混模糊、波动不定的知觉以及朦胧的情绪"。儿童有了语词的支持,便

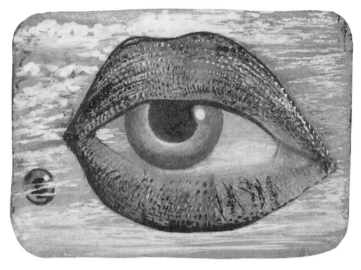

图3-4 达利的《眼睛与嘴唇》很好地说明了心灵之窗被照亮从而说出了其心声的含义，明之名也

点亮了心灵的明灯，获得了一个客观世界。这是一个与他生命息息相关的世界。

总之，名意味着人的意识在主导它，这个名也就是明，即名字的名打破无明的黑暗，打破无意识的混沌，进入意识的秩序而"明白"。因此名和明相通。

3.5 文明以止，人文也

贲卦有文明之象。山火贲卦的卦象为上艮下离。艮为山，有阻止之象；文明为火，有燃烧发光之象。贲卦象辞说"文明以止，人文也"。这个"止"（艮卦）表示限制，指火的有序燃烧，就像"主"字显示的，有灯芯引导的燃烧。文明与野蛮的区别在于火的控制力。

比较而言（相对于卦象结构，实际上彼此全面地包含着对方），文是纹路、花纹，强调秩序和稳定，对应着艮卦；明是光明、精神，侧重人的心灵力量，对应于离卦。这样，汉语世界的"文明"，也就对文明本身作了界定：一方面是有形的，可感知度量的存在，无论是器物，还是制度、文献，甚或语言、礼仪；另一方面是无形的、心灵的，指其精神气质、德性信念等只可意会不可言传的方面。这两大特征，照中国文化中的体用关系来讲，文为用，明为体。人们很容易被用吸引，而忽略了体。这是本章研究"文"和"明"时所得到的一个启发。

4. 和 谐

和谐的感觉就是顺畅泰然，符合天道。比如身体方面的和谐表现为经脉通畅，气血和顺，脏腑颐和，心绪安详，一句话，健康！社会等领域的和谐，也大凡如此。"和"字本身有和谐、和睦的意思，本章重点探讨"和"字。

4.1 禾：神圣的谷物

一般讲，和的声符为禾。但以禾为声符的字极少，主要是"和"，此外还有"龢""盉""訸"，但其语源意义都可以归入和，后文会讲到。这样，谈到"和"，势必要回到"禾"，说的夸张一点，禾代表着和，是和的化身。

甲骨文"禾"字上象穗与叶，下象茎与根。《说文解字》曰："禾，嘉谷也。二月始生，八月而孰，得时之中，故谓之禾。"意思是说：禾是一种美好的谷子，二月开始发芽生长，到八月成熟，得四时中和之气，所以叫禾。一年四季为四时。这表明，禾之美好在于中和了春生、夏长、秋收、冬藏的气息。因此"禾"是一种带有和合特质的谷物。

禾是谷物的总称。在农耕社会初期，世界各地广泛流传着丰产神话,即通过巫术方法保护、强化禾谷种子的生命力,以期来年的丰收。在农人看来,谷子不仅仅是有生命的,而且灵魂寄生其中,谓之谷灵、谷精或谷神。自然,禾也是谷神,藏有生命灵魂。英国人类学家弗雷泽在《金枝》一书中还提到谷灵以牛、羊、狼、狗、狐狸、鹅、鹌鹑等形态隐藏在谷物中,所以还要用相关的动物去祭祀谷灵。

隐藏着生命灵魂的禾谷,是不死的精灵,从种子到作物,生生不息,循环往复。在农业神话中,禾这种永生性备受推崇,广获赞美。面对禾稼女神的永生性,笔者不由追问"禾"之音义的来由:是不是暗含着活的意象?从音韵上讲,禾与活的古音的确相通;在湖南邵阳话里两者发音也几乎相同。禾因其"活"力而永生。

图4-1 "禾"是禾谷的象形,农业神话赋予禾谷重生的属性

古人对禾稼女神的崇拜起于其生死转化,即从埋在地下的死亡状态,到开春破土而出的复活状态。苏醒的苏就体现了这个过程。苏繁体做"蘇",从草(艹)稣声。蘇与稣相通,稣有生的意思。《康熙字典》引古代书曰:"死而更生曰稣。通作蘇。"稣之生是重生,是种子复苏后重生。稣从禾,体现了禾的活性。但是"稣"中的鱼是什么意思呢?先看看"稣"的本义。《说文解字》曰:"稣,把取禾若也。从禾鱼声。"这句话蛮难懂的,不少人说成是砍柴打草,把禾读成木。《说文解字》的研究专家汤可敬的白话翻译是:把取禾秆的皮。若是竹皮的意思。这个解释

比较贴近原文。

然而"把取禾秆的皮"与苏醒、复苏如何关联？又与鱼有什么关系呢？我们还是沿着文化人类学的思路解剖"稣"字。诚然，稣，鱼为声符，但也可能兼表意，即以鱼籽繁多的丰产意象来表示禾谷的丰产。"稣"字中的鱼很可能是弗雷泽讲的谷灵的动物形态。"把取禾秆的皮"，估计也是一种农业巫术，即扒开禾秆，以鱼的生殖力唤醒、请出隐藏其中的谷灵，重启其生育力，促进种子发芽。

总之，稣从禾，意味着谷灵的重生，体现了禾的活性。

活性是对周边事物的主动反应、积极感应，处于苏醒状态，在线状态，可以"艾特"，可以呼应。"禾"就是这样的活性，而且超越生死，达到永生。而活性一旦达到永恒，就是神性了。所以"禾"是一种神圣的谷物。

"禾"的神性体现在"香"字中。

《说文解字》曰："香，芳也。从黍从甘。"香，甲骨文从禾，或从黍（黍与禾通用）；下面为盛器。邹晓丽认为，这是指用器皿（日字形的符号）装着禾谷黍米，表示馨香。日本汉字学家白川静认为"香"下面的"日"，是一个用以祷告的祝咒器。"香"的意思是敬献禾谷，诵读祷辞，向神祈愿。古籍《书经》记载说："黍稷"等谷物的馨香可使神明动心。

白川静的解释揭示了香的巫术背景，笔者非常认同。这与"禾"字的神性相对应。另一方面，笔者以为香的音义也印证了"香"的祭献蕴意。从字音上讲，香与享，古音相通。从字义上讲，享为烹饪食物，祭献神灵（给神灵

享用），祈愿亨通，故烹、享、亨同源。香与享都有祭祀敬献的含义，故两者有内在的音义关系。

香，今日多作香味、美好解，但香还有一个含义比较特殊，即表示亲近、亲热。吴语中常用作动词表示亲嘴、亲脸，如香面孔。香的亲近义，可能来自敬献的动机，即以此亲近神明。这大概也是后世点香敬神的由来。在佛道信仰中，上香意味着与天神发生感应，心有灵犀一点通，就在于香烟袅袅中。

由此可见，禾之非凡，既有活性之生生不息，又有灵性之交感亲和。

 4.2 "保合太和"

"禾"的确非凡，那么加上"口"的"和"呢？《说文解字》如是说："和，相应也。从口禾声。"和是相应。前文讲到禾的发音与活相通，表示禾谷是活的灵物，会有感应。而《说文解字》说"和"为相应。这个"应"，一般指呼应、应答，所以从口。

"和"从口在于回应，从回应（感应）谷灵到回应人和事，再具体到音乐上的回应。这时的"和"写作"龢"。龢，从龠，龠像编管而成的乐器。《说文解字》曰："龢，调也，从龠，禾声。读与和同。"《吕氏春秋》曰："正六律，龢五声，杂八音，养耳之道也。"

其实从"禾"的感应，到"和"的相应，都是彼此的互动。"和"突出了人与人、人与物、物与物之间发生联系时的相互应对、彼此回应。"应"体现了两两对应、彼此连接的交互关系。在这个意义上,"应"与"和"非常相近,如"应声"与"和声"。

"和"的基本含义为和谐,而和谐总是体现在人或事间两两对应的关系上,如朋友、夫妻、同学、同事、邻里等的和睦相处,以及人与山水草木、飞禽走兽间和睦相处。和谐,就是友好融洽,没有冲突,借用一句外交辞令,即"奠定了良好的双边关系"。这种"双边关系",包括个人之间、组织之间的,还包括组织与国家、个人与组织等等。

和谐的观念具有普适性。古希腊人称之为"harmony",意思是合在一起(fitting things together)。harmony的根词为ar-或are-,意为连接、组合(joint),如arm(手臂与身体相接)、art(艺术、工艺,诸要素的组合)、arthrosis(关节,两根骨头间的连接)、arithmetic(算术,两个数之间的连接,最常见的是两数相加,汉语叫"和");还有最为熟悉的系

图4-2 和谐,就是指事物间的巧妙连接,相辅相成而又相反相成

词are。are是you的系词,不同于am和is(这两个系词同源,来自es-,表示存在),因为它涉及面对面的对象——you,是你和我的连接,最直接的社会关系。说到底,是否和谐是你-我关系,不论是对个人还是国家而言。

显然,英语的和谐词源,凸显了汉字"和"的本义。查看字典,"和"各个义项,其实都贯穿着连接义,如和衣而卧、和盘托出,为连带关系;附和、和诗,数的相加,也是连;在此基础上,诸如和美、和合、和亲等词都是彼此关系(相连)的一种状态。"和"的连接义,最后发展出句子的语法功能,干脆作为连词(如"老师和学生")和介词(如"他和同学下棋"),直接显示其连接功能。

连接(joint)是彼此不同而结合,所以"和"是不同事物的组合。

万事万物相连而生,此乃西周太史伯阳父讲的"和实生物"。和便是生。老子说:道生一,一生二,二生三,三生万物。宇宙的起源,实际上是和而生。所有的事物以无数种方式相互连接时,"和实生物"就出现了。当今互联网本身也很好地体现了"和实生物"。"互联",无数个电脑的链接,和生出奇妙的网络世界。在线、"艾特"、点击、搜索……

《周易·乾卦·象》曰:"乾道变化,各正性命,保合太和,乃利贞。"其中"保合太和"意指保全太和元气。所谓太和,朱熹解释为"阴阳会合,冲和之气"。"保合太和"也可以理解为达到伟大的和谐。故宫的太和殿,其命名也有此寓意。

这个"太和"体现在各个方面,诸如社会关系上为"礼之用,和为贵""和衷共济",以及"和以处众";在国际关系上是"协和万邦""和平共处";在商业往来上提倡"和气生财";在家庭关系上则有"家和万事兴";而个人修养强调"心平气和"等。

总之,和是生,是阴阳和合的生,即老子讲的"万物负阴而抱阳,冲气以为和"。

4.3 和合与中和

和,通过和合与中和展现自己。

首先,和与合相通,通常和合并称。和合之"合"体现了和的连接义,即合的结合、组合。"和",是和谐;"合"是结合、融合,是和谐的实现方式。"和合"理念是中国文化的精髓,是自然、社会、人际、身心、文明的理想关系状态,大的方面为"天人合一",小的方面为"夫妻和合"。和合观念深入人心,民间把这个观念具体化为"和合二仙",寓意夫妻恩爱、家庭和睦。

甲金文"合"从"亼"从"口",像器皿、盖子相合之形,本义是相合,引申为会合、聚合。合的概念运用广泛。其中《周易·文言传》表达了古代圣王和合的主要形态:"夫大人者,与天地合其德,与日月合其明,与四时合其序,与鬼神合其吉凶。先天而天弗违,后天而奉天时。"

这句话意指"大人"(圣王),他的道德像天地一样覆载(天之覆盖,地之承载),他的圣明像日月一样普照大地,他的施政像四时一样井然有序,他示人吉凶像鬼神一样奥妙莫测。他先于天象而行动,天不违背他;后天象而处事,也能遵循天的变化规律。

圣王的所作所为和合天地、日月、四时，乃至鬼神的属性，故无所不及，无所不能。这是合的最高境界，体现了乾卦的"保合太和"、坤卦的"德和无疆"。

合无处不在，作为自然社会基本符号的天干地支，就有一套系统化的合的结构。如十大天干：甲（阳木）、乙（阴木）、丙（阳火）、丁（阴火）、戊（阳土）、己（阴土）、庚（阳金）、辛（阴金）、壬（阳水）、癸（阴水），其间有天干五合：甲己合化土，为中正之合；乙庚合化金，为仁义之合；丙辛合化水，为威制之合；丁壬合化木，为合欢之合；戊癸合化火，为无情之合。

还有地支六合，即十二地支：子（鼠）、丑（牛）、寅（虎）、卯（兔）、辰（龙）、巳（蛇）、午（马）、未（羊）、申（猴）、酉（鸡）、戌（狗）、亥（猪），其中子丑合化土，寅亥合化木，卯戌合化火，辰酉合化金，巳申合化水，午未合化火或土。

天干地支组成每天的日期，生日的天干地支（简称干支）就成了八字，构成古代命理学的方程式。古代婚配主要根据男女双方八字的相合程度。而婚庆日期的择吉也是根据新人八字与婚庆那天的干支的相合程度而定。人和人之间相处得好（吴语叫"恰得来"），彼此投缘，据说就是不同层次的干支相合的结果。

现在我们来看"中和"。

和的关键在于中，只有处于中的位置，万事万物才会聚会，才

图4-3 合掌或合十礼，蕴意丰富，充分显示了和合与中和之道

会发生，才有"和"的状态。这个中，不仅仅是位置的中，也是交互关系的中，如枢纽中心、和事老（正面意义上的）。两个敌对关系的人或集团谈判或和解，往往需要中立方牵线搭桥。另一方面，中，不仅是静态、固定的中，也是动态、变化的中，如太极推手中的守中原则。

中，灵活多变，功用显著，以至于成为一种哲学——中庸之道。庸，用也；中庸就是中之用。孔子最先把中和庸连用，提出"中庸"概念。《论语·雍也》："中庸之为德也，其至亦乎！民鲜久矣。"孔子把中庸看作是最高的道德准则，很少有人能够做到。他认为中庸是君子的重要品德，要求君子做到"矜而不争，群而不党"；"惠而不费，劳而不怨，欲而不贪，泰而不骄，威而不猛"。在人格培养上主张"质胜文则野，文胜质则史，文质彬彬，然后君子"。

据传孔子之孙子思继承与发展了孔子的中庸思想，写成《中庸》一书。子思指出中庸不是折中，而是"时中"，即随时应变而合于中道，是原则性与灵活性的统一。《中庸》还把中和看作是天下的根本，万物遵行的原则："中也者，天下之大本也；和也者，天下之达道也。致中和，天地位焉，万物育焉。"

如此说来，达到中和的状态，所有的人或事都顺理成章，吉祥如意！

4.4 谐：同心同德

和谐，和本身有和谐义；那和谐之"谐"是否仅仅作

个补充?

谐,《新华字典》的解释是:和,配合得当,如和谐,谐音;诙谐,滑稽。《尔雅·释诂下》解释为:"谐,和也。"《说文解字》曰:"谐,詥也。从言皆声。"谐为和,为詥(声符为合),由此可见,谐的本义是言语、声乐的和谐,引申为各种关系的和合、协调。这样,谐像是和谐一词的"补语",没有更多的意义空间。

但是,深入"谐"的声符字——皆,情况似乎不那么简单。《说文解字》曰:"皆,俱词也。从比从白。""皆"的结构在《说文解字》作者许慎的时代就从比从白。但是对照甲骨文,结构就不同了。甲骨文的"皆"从"口",上面为一个或两个老虎,加上声符"几"。文字学者通常认为皆的构形初义不明。但《图释古汉字》一书的作者指出:"皆"从虎,从歺,歺象残骨之形,表示二虎争残骨之意;或者认为两只老虎在一个口上,意指众虎一声(同时用一种声音呼啸)。

"皆"在金文里,把双虎改为双人,成为从比从口的结构。文字学家何金松以此为据,认为"皆"从两个人,从口,众人到达某地,为偕的本字,偕同的意思。何金松把"口"形看作是地方。诚然,古文字中的"口"字形经常作区域解。笔者也认同此说,不过对此有所补充。

笔者以为"众人到达某地",是远古氏族、部落的迁徙行为,就像犹太人出埃及,一路艰辛走向迦南。"口"就是类似迦南的地方。摩西带领其族人进入迦南后,犹太教也成熟了,犹太民族因此获得了新生。笔者猜测"皆"字中暗含着古代某民族经历游荡、迁徙，最后找到属于自己的生存空间（"口"）。"众人"有了归属地而定居下来，也意味着形成了一种"共同体"，彼此有历史、文化、心理等方面的认同。所以"皆"遗留了"俱"的含义。从这个角度讲，甲骨文从一个虎，或两个虎，估计是指虎图腾的部落或民族。其声符"几"也有来由。《说文解字》曰："几，坐所以凭也。"几是古人席地而坐时有靠背的坐具，故有依托义。"皆"中的几，就是依托虎图腾的共同信仰而"团结一心，众志成城"。

这样，"皆"字反映了古代族群的内部认同，处于"同心同德"的状态。"皆"的声符字也说明了这一现象：偕，《说文解字》曰："强也。"偕有强大义，正是体现了"众志成城"的强悍。蜡，一种虫，知天雨而置身于草木之下，求得庇护。蜡取"皆"的庇护义，这与"皆"的归属地、虎图腾的强大有关。楷，黄连木，干枝疏而不屈，质直，想必从族群间"疏而不屈"的精神特征引申到树木形态上。

因此，"谐"，源自"共同体"的和，侧重背景、身份的同一性。

图4-4 "谐"从言（口），从皆，异口同声也

 4.5 "和"与"谐"

和是多，是不同事物的交合，就像城市文化的异质性，

存在着多元发展的可能性；谐是一，是单一背景的心理认同，如同乡村文化的同质性，保留着乡土情怀的传统性。和与谐，从字源意义上看是一与多的统一。这说明，和谐，一方面是阴阳和合，是和谐的动力机制；另一方面，需要"背景"支撑，是和谐的稳定机制。"和"与"谐"也处于阴阳互动中。因此，和谐的字源意义已超越其概念意义。

5. 自 由

自由，最初意思是由自己作主，不受限制。古诗谓"吾意久怀忿，汝岂得自由"。《后汉纪·灵帝纪中》载："今方权宦群居，同恶如市，上不自由，政出左右。"现代汉语中的自由，发展出政治、法律和哲学层面的含义。不管怎么变化，都关乎"自"和"由"的字象。

5.1 自：鼻子与自我

"自"的本义是鼻子。《说文解字》曰："自，鼻也。象鼻形。"甲骨文的自，比较形象，看得出鼻梁上的横纹，鼻下的鼻孔。在动作语言中，鼻子与自我相联系（相当于英语中主格"I"），如中国人习惯上谈到自己时，喜欢指着自己的鼻子。这说明，鼻子是自我人格的脸面标志。

鼻子位于脸面的中央，高高隆起，如同一座山，成为自我人格的脸面标志。因而鼻子也是自我衡量他人他物的标准。而"准"本身就有鼻子的意思，如隆准（高鼻子）。心理学家鲍尔认为人眼以鼻子为参照物（按，"准"，基准线等）来判断外部世界。鼻子总是能看见的，因此它有助

图5-1 鼻子是脸面的中心，自我的象征

于我们确定物体的位置，并且判断出是物体还是我们自己在移动。自我总是与中心相联系，自我以为自己是万物的中心，自我是万物的尺度，个人如此，群体也如此。古代各民族都曾有以自己的栖息地为世界中心的幻想。

鼻子（自）的基本功能为呼吸，故"自"派生出"息"。息，就是气息。古人认为气息具有精神属性（或者灵魂本质上是生命的气息），是活的精灵，因此，"息"从心（心表示精神、灵魂）。民俗中，婴幼儿打喷嚏的话，一旁的大人往往会朝着小孩说一声"一百岁"。这是为什么？在笔者看来，这话是针对婴幼儿的灵魂的。民俗以为幼儿很脆弱，其灵魂也很脆弱，容易受到惊吓而离去，而这意味着生病，甚至夭折。打喷嚏正是灵魂受惊所致。因此，说一句"一百岁"是对灵魂的安慰，也是对幼小生命的祝福。

灵魂进出鼻孔（呼吸），是生命存活的象征，也是个体成长、成熟的象征。广义上的呼吸，是个体自我吸入外界能量、信息，呼出自体能量、信息的过程。换言之，是社会学讲的自我与社会之间的交互作用。个体最初较多地从外部获得能量和信息（新生儿以吸收身体营养为主，学龄儿童则是吸收科学知识为主），渐渐过渡到内外平衡，最后呼出的气息是大于吸入的。一般而言只有卓有成就者，对社会的贡献大于其所获，其人才称得上"呼出的气息大于吸入的"。对于有成就者,通常叫做"有出息",是指其人"出息"大于"进息"。

"自"被借作第一人称后,其鼻子的含义就通过增加声符"畀"来表示。但是这个声符不是随意附加的,至少在无意识层面是有来由的。畀,其义为给与。就鼻子而言,给与还是与鼻子的呼吸有关。鼻子之给与,就是呼吸的一进一出(一给一与)。给与是双向的,既是他人给自己,又是自己给他人。就鼻子的自我而言,给与意味着"我为人人,人人为我"。因此,畀的给与义,通过鼻子(自),赋予了自我以社会性。

从疾病心理学角度讲,那些因感冒而呼吸不畅的人,那些常年被鼻炎折磨的人,说到底都是鼻子呼吸与外部环境的问题。其中感冒意味着暂停与外界的联系,适当调整自己的身心。日常用语中还有对某人某事"不感冒"的说法(言下之意即排斥这些人和事,不愿与之打交道)。而鼻炎则有多种情况:或因交往障碍而来;或应酬太多,无意识中厌恶各种宴请。

健全的自我势必是充分社会化的,是在人际关系的"给与"中成长和进步的。无独有偶,汉字第一人称还有一个字——"予",也有给以的含义。何金松认为予的本义是纺纱用的机杼,上面构件像织布机经线中穿梭之形,右手推给左手接住。所以许慎说:"予,推予也。象相予之形,谓手拔。"纺线来回穿梭,也是进进出出的样子,引申为给与的意思。"予"的给予义进而假借为第一人称,表示自我与社会间的给予关系。

英文的给与（give）与礼物（gift）是同源词。这说明，给与具有社会礼节（proprieties）的功能，礼尚往来就是彼此拥有的东西需要不断的交换（给和与）。孔子主张的"礼"，是理想化的自我与社会的交互关系，是"我们学习成为成熟之人的具体过程"。

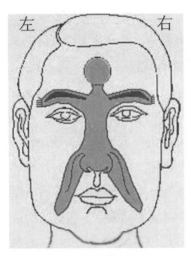

图5-2 脸面小人图，其中鼻子对应脊梁骨，隆起的鼻子象征着挺直的脊梁骨，也是自立和成熟的象征

总之，"自"我通过与他人的交往——拿取和给与——而成熟。值得注意的是，儿童的鼻子往往发育不全，缺乏成人的高度和硬度，这正是其自我不够成熟的表现。

从哲学角度讲，自我放大到群体水平，就是大我，进而是人类的自我。这个放大的自我也是自我中心的。人类的历史也是以人为中心的历史，古希腊哲学家普罗泰戈拉声称"人是万物的尺度"，体现了人的自我中心观念。德国哲学家康德说的"人为自然立法"，为人的自我中心建立理论依据，以示人类鼻子的"准头"（标准）。

鼻子是自我存在、自我肯定的象征，其中鼻梁对应着脊梁骨。而任何侮辱、损害鼻子的行为都是对自我人格的否定，如指着别人的鼻子说话，是很不礼貌的。古代处罚犯人就有鼻刑，如"劓"（yì）为古代割掉鼻子的一种酷刑。

而"罪"字的本来写法为"䍨",上面为自(鼻),下面是辛(甲骨文像古代刑刀),意指阉割鼻子。这表明带"䍨"之身,是没有自我权利的,是不能自己做主的(准头被割掉了)。

 5.2 由:容器与演化

字典中"由"字的含义比较抽象,其一是原因,如,原由,事由,理由;由于(介词,表示原因或理由)。其二指自,从:由表及里;由衷(出于本心)。其三为顺随,听从,归属:由不得;信马由缰。其四是经过,经历:必由之路;由来已久。其五为凭借:由此可知。

这些含义和用法,与字形有什么关系呢?不少人望字生义地说,由是从田里走出来,表示来由。20多年前浦东塘桥地区农民发家致富,集体财产初具规模,便自筹资金,建造星级酒店。大楼建好即将投入运营时,农家老总说,我们农民世代辛劳,现在总算出头了,田字出头为由,于是命名"由由大酒店"。

"由"的甲骨文、金文皆像竹木编的盛器。此义后来写作"甾"。甾音载,有承载的意思(即放置)。《说文解字》曰:"東楚名缶曰甾。象形。"许慎把甾解释为缶形陶器,这与甲骨文"由"的竹篮形不同。日本汉字学家白川静认为"由"的原型是青铜器卣,所以取you的音。而由的一个异体字也写做"逌"。

这么说,由的结构有三种解读:竹篮形的盛器;缶形陶器;青铜礼器卣。后面两种比较接近,作为器皿,都可

图5-3 白川静认为，由为卤，音通。图为甲骨文卣字的写法

以密封，而不像竹篮镂空漏水。器皿可以是陶制的，也可以是青铜的，或者从陶制发展为青铜。因此，由的结构或为镂空的竹篮，或为密封的器皿。

其实，"由"的字形义很可能存在着从竹篮到器皿的演化过程。清代的徐灏在他的《说文解字注笺》一书中提到"盧"（卢）最初写作上庐下由的结构，本来是（用以盛饭的）竹木之器，后来用陶瓬（fǎng，瓶子义）制造，故其字从皿。想必制成陶器后，还会有进一步的完善，如涂上清漆或油漆——"釉"。"油"很可能就是上"釉"的漆（《说文解字》中的由，解释为水名，笔者以为水名或源自河水流域植有漆树）。"釉"字从采（彩的省略），由声，陶器油亮而发光彩。"盧"从竹篮饭器到陶制饭器，容器的功能日益加强。盧，加上火就是"爐"（炉）。从围炉发展为围炉空间，便是"廬"（庐）了。

无论是竹篮还是陶器、青铜器，"由"的容器特征始终存在。这也体现在相应的声符字中。如"岫"（xiù），《尔雅·释山》说："山有穴为岫。"岫为岩穴或山洞，此为容器之象。胄（zhòu），盔也，古代战士戴的帽子：甲胄（甲衣和头盔）。胄，由声，下面部分为"冒"（"帽"的本字）的省略。头盔、帽子，都是容器。

容器在古代神话或心理分析中大多象征着大母神，表示生育、生化或来源。由的来由、原因义大概与此有关。但由的许多声符字，蕴含着经过、出来、穿越等意象，如抽、

轴、迪等。这很难从"由"的竹篮或陶器意象中得到合理解释。

恰巧笔者近日看到一篇关于"河南偃师灰嘴遗址F1地面和陶器残留物分析"的考古材料。文章说遗址中发现远古酿酒的痕迹，如在酿酒陶器上发现酿酒时的粮食残留物，推测在植物编织的容器或陶器里进行谷物发芽。作者根据民族学材料，发现在古时的埃塞俄比亚有相似的酿造过程：将谷物放置陶器中浸泡12小时；然后移至一个覆盖有植物叶子的筐里，经过一个星期或稍长时间发芽后，使用杵臼捣碎；将另外一些未发芽谷物直接碾磨成面粉，其中2/3的粉加水后发酵，制成饼状在锅上烘熟并碾碎成小块；另外1/3的粉加少量水后直接放置锅里焙烤成深色，这样可以使酿出的酒呈红色。

在中国陕西北部的榆林地区，人们有酿造小米浑酒的传统：先将小麦放在陶器中发芽，磨成粉备用，称为酒曲；将脱壳黍磨成粉、蒸成糕；以大约1:5的比例将发芽小麦粉

图5-4 古代酿酒流程图

与黍糕揉和均匀，装入小口坛子里，加热水，封口，放置热炕头发酵，24小时后成酒。

上述这篇报道令人茅塞顿开："由"不是一般的容器，

而是那个进行谷物发芽的植物编织的容器或陶器。现在我们再来审视"由"的相关声符字,就能很好地理解其从谷物发芽意象演变而来的"抽取、嫁接、经过、产生、出来、出行、道路"等抽象意义了。

谷物发芽,首先有种子及发芽的生命生育意象。畚(běn),从由,弁声,本义是一种蒲草或竹篾编织的器具,用以盛放种子。甴(yóu),意为树生新枝;下面为草木生长之形,树生新枝也是一种发芽,与谷物发芽属性相通。柚,柚子是用嫁接和压条的方法来繁殖的。谷物发芽,是新生命的延续,对人而言,就是结婚生子。妯(zhóu),妯娌,兄弟的妻子,取由为声符,就是以木之生条(甴)喻指人之生育(古代传统表示为夫家传宗接代)。胄(zhòu),由声,从肉(下面是肉字旁),古代帝王或贵族的后嗣(不是上边盔甲的"胄",两者声符同,但形符不同)。此字也是以木之生条(甴)喻指一代代子孙生生不息。怞(chóu),扰动、躁动,心情忧虑烦躁,不能平静。其语源义来自(由)谷物发芽、种子萌发的动势,从心,喻指心念的种子躁动不安。

谷物发芽从种子破壁出头,有穿插意象。轴,贯穿在车轮中心,使轮子转动而能行进的车轴。宙,本义栋梁,是房屋的轴承,插架在房子的两端,起着支撑作用。

谷物发芽,种子从内部走出、萌芽抽出(抽芽)、抽取,这就是"抽"字了。而由此泛化为出来、穿越、穿出、行经、经过等意象:袖,从衣,衣服中手臂穿出的地方。手从袖子穿过的意象,在动物活动中多表现为老鼠穿洞行为。老鼠逃窜而穿洞。"甶",穿也,繁体为"窇",从穴从鼠。

黄鼠狼是食肉目中体型最小的一大类。鼬（yòu），黄鼠狼，头稍圆，颈长，体长而四肢短，能钻入鼠洞内捕杀老鼠。鼬，从鼠，由，字形上显示其善于跟踪（由、经由）老鼠而捕猎。由，从出入洞穴，到出行，便是"迪"。迪，行进、道路，引申为引导、遵循、启发。䢠（dí），行走的样子。蚰（yóu），蚰蜒，节肢动物，全身分十五节，每节有一对长脚，善行。蚰，由声，取其行走、经由的特征，即行迹曲折蜿蜒。笛，其由声兼带容器（笛孔）、穿行（气流进出孔穴）双重意象。

"由"字，从容器到种子孵化，显示出大母神的本源特征。由，就是一切的根由。

5.3　创生与自由

以上所说，自是鼻子，表示自我；由是竹篮或陶器，是容器，表示大母神。那么，不考虑语词关系，从字的原型出发，考察自和由的关系，会有什么联想呢？

自，古文有开始义，如"刑者,爱之自也"；也有起源义："知风之自,知微之显,可以入德也"。自的本义既然是鼻子，那鼻子也有开始、起源义。果然，"鼻"有鼻祖一说，正是此义。

鼻子的开始或起源，也就是其生殖生育意象了。人体行为学研究表明，鼻子与生殖器具有某种对应关系。英国动物学家和人类行为学家莫里斯称之为"身体自我模仿"，即把身体的一部分当做另一部分的复制。就动物而言，山魈（一种灵长类动物）的鼻子明显的是一种进化上的生殖器的投射。"雄性山魈的脸部有一个长长的红鼻子、肿起的蓝色双颊和淡黄的髯髭,正好与它的红阴茎、蓝阴囊和浅黄阴毛相对应"。人类男子脸部在某种程度上也有复制生殖器的倾向。这种倾向使男子在面对面的交往过程中可以从脸部显示某种"阴茎"威势。而"阴茎"威势在灵长类动物中很普遍。艺术家注意到这方面的类比,常会把外突的、多肉鼻子视为男子生殖器的模拟物,如超现实主义画家芭芭拉·密莱特的画。

在精神分析词汇中,凡是突出的事物都被看成阳具的象征,鼻子无疑是脸部最富阳具特质的器官。一些文学作品也经常用"张开的鼻孔"表示好色。19世纪法国杰出的戏剧家罗斯丹在其名剧《西哈诺·德·贝热拉克》中,描述西哈诺那硕大的鼻子与其性欲有关。鼻子和阴茎之间的关联古已有之:美拉尼西亚人的古代画像上常有像鸟嘴一样

图5-5 超现实主义画家马格利特的画《哲学家的灯》充满了性的暗示。其中夸张的鼻子是阳具的隐喻,嘴巴是阴器的隐喻,而蛇状的蜡烛代表性力的升华(智慧)

可伸长触到生殖器的鼻子。

于是，出现了象征性的等式：自＝鼻子＝阳具。

至于"由"，从容器到大母神，在分析心理学中，自然关联大母神的生殖器。

毋庸多言，自与由的字象组合，包含着阴阳交媾的生生意象。这是万事万物的生生不息，从山川海洋，到草原大地，生机勃勃，可谓"万类霜天竞自由"。由此可见，自由是一切创生、创造的缘由；而创生、创造又带来新的自由。因此，富有创新精神的艺术家、科学家定有独立自由的思想情怀；而拥有自由精神的思想家也必然创造出人类的优秀成果。哲学上讲自与由的关系，也就是从必然王国走向自由王国。

在周易卦象的视野下，自与由正好构成一对相反相成的卦。自为鼻子，脸面之山，对应着八卦之艮卦（为山，为鼻）；由为容器，大母神，对应着八卦坤卦（坤为地，为母）。这样就出现山地剥和地山谦两个卦。山地剥，山（自我）在大地之上，表示高高在上的自我，骄傲自大，却系剥卦，暗示剥落、倒退。这表明，任性的自由将导致灾难。而地山谦，山（自我）藏在大地深处，得到大地母亲的滋养而日益充实，却不露声色，是谓谦谦君子。正因如此，其人后劲无穷，生命力、创造力渊源流淌，像大道之无限。这便是古人讲的"满招损，谦受益"，也是笔者儿时经常听到的伟大领袖的谆谆教诲："谦虚使人进步，骄傲使人落后！"

在周易卦象中，真正的自由是与天地同在，是得道的境界。

6. 平 等

平等，字面意义即彼此同等、相等，近代汉语还表示平常，如"姿容平等"表示长相一般。现代汉语中多指人们在社会、政治、经济、法律等方面具有相等地位，享有同等待遇。这也是西方平等（Equality）概念的汉译。

6.1 平：呼吸舒缓

平字笔画简单，字形对称，常见义有：不倾斜，无凹凸（平地、平原、平面）；均等（平分、平行）；与别的东西高度相同，不相上下（平局、平辈）；安定、安静（平安）；治理，镇压（平定）；抑止（平抑）；和好（"宋人及楚人平"）；一般的，普通的（平民、平凡、平庸、平价）；往常，一向（平生、平素）等。

平的本义有点独特。《说文解字》的解释是："平，语平舒也。从亏从八。八，分也。爰礼说。釆，古文平如此。"意思是说：平，语气平直舒展。由亏和八会意。八表示分匀。釆，是平的古文写法。这么说，平字的确平凡，如表示讲话语气平和。

从丂从八，平的字象结构还是蛮有意思的。我们先来看"丂"。"丂"字今日一般只视其为"虧"字简写，但其实"丂"字古已有之，而且很可能就是"于"的原字。从字的形态上看，"丂"和"兮""平""乎"等字一样，都指某一种呼吸送气的活动。《说文解字》曰："丂，于也。象气之舒丂。从丂从一。一者，其气平之也。凡丂之属皆从丂。今变隶作于。"

图6-1　"平"的篆书，清楚地显示其从八从丂的结构

貌似简单的平，引出个"丂"来，又带出相关的字，看来其中有玄机。

丂，从丂从一。对丂字，古文字学家有不同解读。照许慎的分析，应该是对呼吸送气的描述。但上面一横阻挡了气息的舒展。

"于"是"丂"的变体，"于"或"丂"的声符字有两个含义，其一为气流冲出而有力大义，如"吁"（通常把于看做是吁的本字），表示出气之大，迄今还有"气喘吁吁"的说法。"雩"（yú），古代为求雨而举行的一种祭祀：雩祭；雩禳（出雨消灾）。雩，从丂音，有呼叫的意象。《礼记·月令》郑玄注："雩，吁嗟求雨之祭也。"求雨的时候，大家都出来大喊大叫，还敲击各种声响。"竽"，古簧管乐器，气流出自管孔而发声。"于"从出气之大，抽象为一般的大。如"宇"屋檐居室之大，可以覆盖，引申为宇宙空间。"芋"，芋头，叶如盾形，叶柄亦长而肥大。《说文解字》曰："大叶实根，骇人，故谓之芋也。""盱"（xū），《说文解字》曰："张目也。"

眼睛睁大。"䯲"（yú），衣服之大，"诸䯲"即大襟大袖的女袍。"弙"（wū），弓之张满，其形为大，其力亦大。"夸"，直接从大。

其二指气流受阻而凹曲。这个含义，用于水流便是"污"，即河水河流，像气流一样受阻而滞留，造成淤积、阻塞，久而久之而腐败污染。"迂"，迂回曲折；当然，迂也有大义，广阔空间才有迂回的余地。"纡"，萦绕，也是迂曲、纡回。"尫"（yū），从尢，于声，股曲，即罗圈腿。一些跛者也有股曲（尢，音wāng，意为跛，尴尬，也是指其曲）。"圩"（yú或wéi两读），江南湖塘边围湖造田，淤塞湖水而利于耕作。"盂"，取其凹陷之圆曲形，也有大义。"靬"（yú），古代车轴上系靷（引车前进的皮带，一端套在车上，一端套在牲口胸前）的皮环，取迂曲、缠绕义。

总之，于或亏，关乎气流冲出。

而气流冲出，主要是"丂"（kǎo）。我们注意到从丂的字，多有"呼吁"的意象。其中"乎"为呼的本字，从丂，上面有三竖，字形像高声呼叫时声音上扬、气上出之形。"兮"在字形上与"乎"相似，从丂，上面有二竖。文字学家认为两者本为一个字，或者是分化字。

从丂的还有一个"粤"字，比较特殊，《说文解字》说是"亟词也。从丂从由。或曰粤，侉也"。亟词也，就是急、疾的词。粤，从丂从由；丂为出气，由为出芽（参见第五章），上下都是出，强化出的力度，所以叫"亟词"。笔者以为"亟词"不是指一般的说话之急，很可能是指巫术咒语之类的"急急如律令"，就像上文的"雩"。"粤"在《说文解字》里还有"侠也"义,估计是从"粤"之主持正义作法驱邪而引申出来的。

上古巫风盛行,念咒巫蛊为克敌制胜的法宝。因此,于、乎、粤等从丂(送气)的字,本质上都是咒语的一种形态,最初多用以攻击、制服对手。但是这种外在的攻击,必然导致对方的报复,因而陷入无休止的巫术战中。

面对这样的"咒语战",想必会出现一批伟大的宗教改革家,将巫术改变成宗教,类似轴心时代的思想家,不再热衷于外在的"出气"和对抗,而主张回归内心,即把"气息"转向内部世界,强调内在的修行。

我们看到,平,面对上面一横的阻碍,采用了回避的策略,亦即启动"平"中的八。八,把冲出的气流扒开、分开、分流,而不去冲撞那个横杆。这个"八"很重要。在汉字中,从八的构件均有分的意象。如分,从八,从刀,为其代表。柬,本义为选择,从束(扎),从八,即分开一束物体,挑选出其中所需。胤(yìn),《说文解字》曰:"子孙相承续也。"从月(肉)表示血肉关系,从幺表示族亲婚配的叠加累积,从八表示家族的分化延绵。

平从于,从八。比较于、乎、粤等字,似乎不是单纯的呼吸方式,而是一种基于呼吸模式"转型"的思想变革。我们在印度教或老子的《道德经》里看到这样的变革,即通过平缓的呼吸,回到内心,不再执着于外物。

平的呼吸模式,在瑜伽或气功实践中人们对此有过详细的描述,那种绵绵深长的气息运动,体现了冥想状态下的精神价值,也体现了道家的无为无不为。其中"八"的

图6-2 瑜伽的平和呼吸

意义，也从分流上升到对外部世界的否定，进而显示心灵的重要性。

这里不妨提一下从丂的"巧"字。由于消除了"亏"上的横杆，丂（送气）尽兴而发，顺畅无阻了。从工，表示顺着气流的自由运行，也就是顺着天意的"作为"。于是"巧"显示出工匠技艺顺乎天意的展开，不做作，不违逆，自然"巧夺天工"。

因此，平，指平缓、平稳的呼吸，是心平气和的自我境界，是心灵的"巧"思状态。

鼻子是呼吸的主要器官。鼻的本字为自，加上心为"息"。平的呼吸当然是鼻子所为，平从八而分流，也是鼻子的分流。问题是，鼻子分流的背后蕴含着什么无意识心理的奥秘？我们把"鼻"与"自"置换一下，鼻子的分流便成了"自"我的分流。这样，平，实际上也就体现了"自"我的分流。

诚然，鼻子是自我的象征，鼻子的气流是自我意识的象征。于、乎、粤等字气流强盛，表示其人自我意识强烈。而平正好相反，从八，把自我意识从中央地带转移到边缘，转换成无意识，于是获得心灵的平和与均衡。

6.2 等：齐简也

今人讲到等，较多地想到等同、等待义。《说文解字》曰："齐简也。从竹从寺。寺，官曹之等平也。"等的本义为整齐竹简。等从寺，寺是古代官署，就像现代的政府机关，办公室里堆满了各种文件文档。古代的文件书写在竹简上，办公事务中很大一块工作就是整理竹简写成的文件，所以许慎说："等，齐简也。"

战国至魏晋时代，竹简是削制成的狭长竹片（也有木片，称木简）；牍比简宽厚，竹制称竹牍，木制称木牍。均用毛笔书写。册的长度，如写诏书律令的长三尺（约67.5cm），抄写经书的长二尺四寸（约56cm），民间写书信的长一尺（约23cm），所谓"尺牍"。

竹简的长度有一定规定。同等长度的竹简就缀接成册。因此，"等"就有相等、同等义。长度相同的竹简归为一类（很多人也喜欢把高宽尺寸相同的书集中放在书架书橱的一侧），因而"等"就有了类属义，如"这等事"；进而发展为人的辈分，如吾等、尔等。成册的竹简排列得像阶梯，所以"等"有台阶义（《论语·乡党》："出，降一等，逞颜色，怡怡如也"），进而引申为等级。这么一个竹简排列，大小尺度相同，可以用其中一个竹简作为标准示范，这就构成

"等"的列举未尽义（等等，诸如此类）。当然还有一些文件尚未写完，其竹简有待缀接，故而"等"又有了等待义。

"等"的这些含义都是"齐简"行为的组成部分，即处理竹简的系列动作。如果把"齐简"行为抽象为人的社会行为，"等"的含义就非同寻常了！

我们不妨想象一下：竹简变成个人，上面书写的信息也就成了个体的社会角色，担负其相应的社会责任。每个竹简上的文字是彼此连接着书写下去的。人的社会性也是这样的连接，不可能完全脱离社会，与人格格不入（否则就出问题）。这就像一个队列，每个人手里举个牌子，上面写一个字，连在一起就是一句话，表达一个宗旨。每个个人都在其所属的队列中，担负特定的使命。有意思的是，"个"字就是竹子像形。

缀接成册的简所对应的人群便是某些方面相同的一群人、一类人。"齐简"就是"人以群分"，指人群中年龄、性别、社会关系、志向信念、语言心理、兴趣爱好方面相同、相近的一类人，他们往往容易聚在一起。军服、校服、运动服等制服，就是在外部形态上作出的"齐整"规定。在群体中最富于"齐简"的行为是对国家民族的认同。家谱在家族范围内具"齐简"凝聚力。"简"的简单义，恐怕也有类似的象征性，即作为个体的"简"，通过"精简"自身的特殊性而融入群体的"共同性"中。

竹简的排列类似于人与人之间的等级关系，即在同一类人内部，因为先后排列的顺序也构成了一定的等级关系。所谓级别，都是在特定系统内的上下级关系。

缀接成册是个连续的过程，需要不断地补充新做好、写好的简加入其中。已入列的简，其上的文字信息，对应其后续简上的文字信息，构成了"上下文"的期待，即等候。作为一个群体的简，人员流动，新陈代谢，也构成一种等待、等候。

"等"，从竹简的齐整到个人和人群齐整，其隐喻丰富而深刻。这是基于许慎的会意解释而来。从音韵的角度讲，又有什么说法？

图6-3　古代书简

等，为什么发deng这个音？语源学家齐冲天对此有独到的见解。他认为汉字的音不仅是有意义的，而且其意义具有双重性，分别来自声母和韵母。这样，等的声韵，照古韵的习惯分类，声母叫做端母，韵母为蒸部，由此合成"等"的音义。

等的声母端，与积储义相关；等的韵母蒸，与称或秤关联。有一种专门称黄金珠宝或贵重药材的小秤，叫等子（后又写作戥子）。积储待称（称量东西，等待加码），两边齐等，谓之等子。"等"的音义包含着加码的积储和称量的齐等两重含义。

加码的积储，其实也暗含于"等"的等待义；而称量本身与寺的把持义相联系。这表明"等"，除了竹简方面的意象，还有"寺"的音义。

齐冲天认为，"等"字声符本来从寺（按，就像待的声符为寺）。寺，古代官署所在地，《说文解字》曰："寺，廷也。有法度者也。从寸之声。"寺，上面为之，为声符，下面为寸，表示度量、法度。因此，"等"有之的音义，《管子·侈靡》中等字与使字押韵，说明其韵母与之相通。而之有到达的意思，等也有到义。寺，甲骨文从又，是手的象形（楷书从寸，也与手有关），表示掂量，即持。

由此可见，从寺出发，等蕴含着两方面的含义：一者从之的到达义，表示积累、积储，也指分类、归类；二者从寸之度量义，表示把持、衡量，也指控制、规范。合在一起，意为：把人或物集中在一起，加以管理。其实这也正是"齐简"义（把一扎竹简放入筒里齐整），殊途同归。

 6.3 机会均等

平和等，从意义上讲，相似相通：平指平地、平坦、平凡、平均、平安；等指等同、等分、等量、相等、均等，由此构成其词。从字源上看，平指呼吸的平缓，带有自我主观因素；等指齐整竹简，带有制度的客观成分。

如此说，平等一词，似乎也暗含着这样的主观态度和客观制度：作为个人，面对既成事实，要有平和的心态；作为社会，针对不同个体，要提供公平的机会和条件。前者有点像道家的自在精神，后者则类似儒家"天下为公"的济世原则。

上述是通过字象对词作的联想和发挥。沿着这一类象逻辑，我们还可以进一步把平和等的意象放大和展开，显示其内在的奥秘。

根据周易八卦，坤卦为大地，其属性在《周易·说卦》中有详细说明："坤为地、为母、为布、为釜、为吝啬、为均、为子母牛、为大舆、为文、为众、为柄，其於地也为黑。"其中地为平川、为布、为均、为文等，显然"平"字对应着坤卦。这容易理解。

至于等，我们先看《周易·说卦》的一段文字："帝出乎震，齐乎巽，相见乎离，致役乎坤，说言乎兑，战乎乾，劳乎坎，成言乎艮。万物出乎震，震东方也。齐乎巽，巽东南也，齐也者，言万物之洁齐也。离也者，明也，万物皆相见，南方之卦也，圣人南面而听天下，向明而治，盖取诸此也。坤也者地也，万物皆致养焉，故曰致役乎坤。兑正秋也，万物之所说也，故曰说；言乎兑。战乎乾，乾西北之卦也，言阴阳相薄也。坎者水也，正北方之卦也，劳卦也，万物之所归也，故曰劳乎坎。艮东北之卦也，万物之所成，终而所成始也，故曰成言乎艮。"

这是对八卦属性的方位解读。其中讲到"齐乎巽，巽东南也，齐也者，言万物之洁齐也"，意思是万物生长整齐于巽，因为巽卦指象征万物和顺生长的东南方；生长整齐，是说万物的生长状态一致（齐）。这里巽卦与齐对应。而齐，齐整，正好是"等"字。

平对应着坤卦，等对应着巽卦（象征着风，代表木），那么其叠加后的重卦就是地风升卦了。升卦的《象传》说："地中生木，升。君子以顺德，积小以成高大。"这是对升

图6-4 地风升卦,树木从大地升起

的解释,即升卦上坤为地,下巽为木之象。地中生出树木,象征"上升";君子因此顺行美德,积累小善以成就崇高弘大的事业。

平等与升卦的连接,意味着什么呢?升是生长,是从底层到上层的发展,是人才打破社会阶层的纵向流动。从这个意义上讲,平等实际上是一种制度设计,让不同条件的人有机会走出自己的局限,进入更高的发展层次。

7. 公 正

公正的讲法，古已有之，如《荀子·正论》曰："故上者下之本也……上公正则下易直矣。"这里的公是指朝廷。《朱子语类》卷二六曰："只是好恶当理，便是公正。"今日之谓"公正"系伦理学的基本范畴（也是justice的中文翻译），意为公平正直，没有偏私。

公正带有明显的"价值取向"，它所侧重的是社会的"基本价值取向"，并且强调这种价值取向的正当性（正义）。

 7.1 "公"为何物？

何谓公？《韩非子·五蠹篇》曰："仓颉之作书也，自环者谓之私，背私者谓之公。自环为厶、六书之指事也。八厶为公、六书之会意也。"厶是私的本字，八表示背离；因此，公是私的反面。韩非子的解读通俗易懂，好像蛮符合今人的口味。小篆的"厶"像一个自行环绕的圈形，难怪说成是"自环"，言下之意就是围绕自己转了。《说文解字》作者许慎也承袭韩非子的观点，解说道："公，平分也。从八从厶。八犹背也。韩非曰：背厶为公。"

甲骨文、金文的"厶"是一个略方的"口"，并无"自环"之形。近现代学者遂对《说文解字》的解释做了调整和补充。如高鸿缙以为古文字"公"上面的"八"乃"分"之最早写法，而下所从略方之环形，乃"物之通象"（一般物体），故"公"的字形是取"物平分则为公"的意思。因此，公，变成从八从口（器皿），会意平分器皿中的东西。

但是"公"的甲骨文、金文字形变化较多，学者们据此作出各种解读，诸如"鸟父说""私事说""谷口说""瓮形说""王宫说""阳具说"等等，诸说也都有据可依。这么多有趣的释义，到底信哪一个呢？这是古文字探源经常出现的现象。说真的，这些不同解读都很精彩，就像散落在地的珍珠，一个都不想遗弃。笔者琢磨着是否有一根串联珍珠的红线？

在甲骨文、金文中，公指先公，即对祖先的尊称。照朱芳圃的说法，"公"之构形像"侈口深腹圜底之器"，并认为是"瓮"之最早写法。如此说来，即以"瓮"来指称先祖。"瓮"何以指称先祖？想必"瓮"中储藏着祖先特定的宝物，甚至是先祖的遗骨（类似古代江南僧人圆寂后其坐着的尸身被放入瓮中的"肉身瓮"）！英语的"瓮"写作urn，其音与瓮也有点相似；urn还有骨灰盒、坟墓等含义。这也间接地提示"瓮"与祖先、祖灵关联。

殷商人相信已故的先人继续存

图7-1 瓮（urn），作为容器的瓮，有再生的象征

在，并可以直接影响、干预在生的后人。所以他们非常敬重祖先神，小心地供奉着。一方面他们希望祖先保佑后代（这也是今人祭祀常见的心愿），另一方面又担心祖先降祸于后人（如使之生病）。在商人的观念中，作为死者的祖先是可怕的，他们经常为祸，作祟而降灾，所以设法祭祀讨好他们，使之愉悦，从而舒解病患，免除不祥。

在殷商人的信仰中，祖先神寄住在"瓮"中，自然对"公"（瓮）毕恭毕敬。这种敬畏心体现在"忪"中。忪，惊恐也；从心，声符公显示了祖先神的存在（字面上讲，忪，即面对着瓮的心理感受）。正是出于对祖先的崇拜和敬重，"公"就用于尊称。《左传·庄公十年》载："十年春，齐师伐我，公将战。"这里的公便是国君的通称。公又用作对贵族的敬称，或爵位名，乃至对男性的长者或老人的尊称。

总之，"公"之为瓮，为祖先神寄身之器。那么上面的"八"如何理解呢？难道是平分器皿中的东西（祖灵）？！其实，在"公"的古文字中，"八"的形态多样，与下面部分的结合位置也各不相同，不见得就是分的意思。

笔者以为"八"的构形，有两种可能，一是虚的符号，表示某种张力，加在"口"（厶）两侧，或上面，或上下连着，强化"口"（厶）的存在或功能。二是类似道教施法时用的飘带或幢幡（chuàng fān），实质上也是加强"瓮"的神力。

具有法力的飘带或幢幡，有时就直接贴在"瓮"的表面。瓮为小口大腹的造型，上面收口，有的瓮有明显的颈。飘带（"八"）一般就绕在颈部，就像领带。这时的飘带或幢幡，带有守护功能，即防备瓮口内的祖灵遇到不测。

《说文解字》:"瓮,罂也。从瓦公声。"罂的音义为赪,赪是头颈上的装饰物(项链之类)。通过罂,也间接地暗示,飘带("八")在"瓮"颈缠绕着。"八"之法力由此发挥作用。

飘带缠绕瓮颈而守护祖灵的意象,保留在"翁"字里。翁的本义是鸟头颈上的毛(《说文解字》:"翁,颈毛也。")鸟类,包括鸡,在防卫时,颈毛张开,显示不可侵犯。雄性老鸽子护巢时,颈毛分张,口里发出急促咕咕声,显得格外勇武。其他雄性鸟类也大凡如此,故而"公"字有马叙伦的"鸟父说"。鸟父就是雄性,就是与母对应的公。"翁"的音义有充满、放大义(如滃,云蒸霞蔚的意思),也是颈毛"雄起"的写照。

7.2 祭祀的公共性

"公"(瓮)里存放着先祖遗骨,"公"便是祭祀祖先的对象。"公"所在的场所也就成为祭祀的专属区域。随着祭祀规模的增大,"公"的场所空间也在扩展。"公"不再单独设立,而被安置在特定的建筑中,"公"渐渐地具有神庙的特征,就像古罗马广场发现的骨灰坛形式的史前房屋模型。

文字学家注意到"公"的形状与宫的音义关联。"公"的范围扩大为建筑群。日本汉字学家白川静干脆说,公下面的口是广场,上面的两条直线(八)表示左右两道墙壁。在此处举行祭祖仪式。"公"的这一形态,远远望去,就像河谷的形势,这正应了前面的"谷口说"。

研究中国思想史的学者，也据此认为，"口"恐为表示宫庙中朝廷大礼或宗教祭祀的场所。"八"大概是屏障一类，"公"则是举行祭祀的场所，所以奏乐而祀，歌颂曰颂（即"容"的本字），颂从"公"，表示舞容的形式。所谓"舞容"，《乐记·乐象》载："诗，言其志也；歌，咏其声也；舞，动其容也。"为此，"公"者为神圣之斋宫之语。殷代在其圣都天邑商，有公宫、血宫等"公"，举行神事祭祀于其中者称"公"，故能够参加此礼仪者亦常常被称为"公"。所以，后世以公作为爵号或者身份称号。

在笔者看来，"公"经历了由瓮而宫的演化。宫是瓮的放大，其属性一致。其中"八"，也从飘带或幢幡演化为具有强化特征的"帷墙"（障隔内外的帷幔）。这一方面是对"公"的围护、守备；另一方面也是衬托"公"的存在，突出"公"的强大。

图7-2 "公"的篆书（罗振玉）

为了突出"公"（宫）的伟大，还需要周边环境的烘托，尤其是通过植树来营造庄重肃穆的气氛。树木中最能体现这个功能的莫过于松树了。松树四季常青，显示生命的永恒；其体量高大，耸立挺拔而浑厚稳当，属于大公级别的树，当为祭祀场所的标配（还有柏树，从白，伯省声，属于大伯级别的树）。

这些特征似乎都蕴含在"松"字中：从木，公声。松之高耸正直，为人敬仰而推崇，宛如伟大神圣的"公"。松上尖下阔的外形也如"瓮"的准圆锥体。"松"守护着"公"，

本身也体现了"公"的属性。

"松"不仅衬托出"公"的神圣庄严,"松"也成就了相应的建筑环境——"宋"。宋,从宀(居室),松声(省略木字旁),本义居住。最初作为周代诸侯的国名。诚然,宋的本义很少见,多是国名或姓。这或许暗含了其继承、纪念先祖(公)的意愿。

祭祀祖先,其年代越是久远,祭祀越具有公共性,就像今日祭祀黄帝,其代表中华民族。祭祀的公共性,通过祭祀场所的公共性表现出来,即在这样的场合,表达部落家族共同的心声,增强凝聚力,延续文化传统。这样的祭祀面向"公众"("公祭"),具有某种政治功能,不同于私密化的巫术行为。

上面提到"公"由瓮而宫,被安置在类似神庙的空间供奉着,这地方还可能名为"容"。容,金文从"宀","公"声,本义是盛载。《说文解字》曰:"容,盛也。从宀、谷。宆,古文容从公。"容的古文写作"宆",显然是供奉"公"的场所(宀)。

"宆",作为祭祀的容器,一次次上演着古老的祭礼,传承着认祖归宗的意识观念。其中富有感染力的念诵,充满了对祖先神的赞美,就像古代民族的"史诗"。出人意料的是,这样的"赞美诗"居然以诉讼的"讼"表述。原来,讼的本义为颂歌,从言为唱诵,公声,表示祖先神。后来"讼"演变成争讼义,便借用"颂"字表达祭祀的赞歌。而本义是容貌的"颂"(从页,与头或脸面有关),被借调后,其本义只好再向"容"字借。这样,"容"就兼容纳、容貌义了。

字义变化和借用,貌似无意,细思有料。"讼"为什么会从赞歌演变为争讼?这说明,"公"发展到后来,不再是单纯的祭祀场所,也是商议公共事务、解决争议的平台。"讼",从公,就是指具有公共属性的言论,要在大庭广众下讨论的话题。

在"公"的公共区域从事祭祀活动的"神职人员","言论"姓"公",估计衣着也统一。这便是"衮"服。衮,从衣,公声,表示在祭祀大典公共场合穿的礼服。"衮"一般表示古代天子祭祀时所穿的绣有龙的礼服,也指三公(古代最高的官)穿的龙纹礼服(龙首向下,与天子礼服有别)。衮衣因绣有龙纹而令"衮"字有连续翻动义(卷龙之象),后写成"滚"。不过,上面讲到"公"字上面的八为飘带,"衮"字纹龙义,或许沿袭了飘带舞动如游龙的意象。

"衮"字纹龙义可能影响了蜈蚣的"蚣"。蜈蚣又名天龙,其多体节的身体如同游龙。蜈蚣是掠食性的陆生节肢动物。"蚣",其公声中的八所显示的张力,或表示了其强悍的特性。

从祭祀先祖的"公",到公共事务的"公"。在公的词

图7-3 衮龙袍

汇中：公门、公家、公事、公立、公认、公审、公用、公德、公道、公众等，都有公共、公开、公允的意蕴。公的强势，发展出雄性、父性的含义。这也蛮有意思的，父权社会一路发展过来，最后与公共属性汇合。

 7.3　征服与正义

谈到"正"，做操或军训时，用得最多的口令就是"立正"。不错，正从止，与脚有关。立正，就是站稳了，站直了，脚踏实地，开始履新。

正，上一下止。止是脚的象形，其义缩小后，成为"趾"，这个没疑义。"正"字争议最大的是上面的一横。其甲骨文形态，有的为一横，有的为方块或长方形，金文中多是小黑圆点。通常这一横解读为"丁"。丁是"正"的声符。《诗经》的"伐木丁丁，鸟鸣嘤嘤"，其中的丁，也可以念 zheng。

"丁"的本义是什么？同样众说纷纭，如"钉子说"、"铜锭说"、"眼睛说"（郭沫若）、"头顶说"（徐中舒等）、"金饼说"（唐兰）、"城邑说"，等等。但大多数文字学家都持"钉子说"；近三成学者持"天窗说"。

古文字学家邹晓丽在其广受学界欢迎的《基础汉字形义释源》一书第211页提及"眼睛说"（丁为"睛"的古字）。她表示"学者多以为是钉子的象形，故从众。但此恐为后起义"。显然她对"钉子说"存疑（不是本义）。《图释古汉字》的作者对此也很纠结，他说丁的甲骨文像穴居时的窗顶；金文的形状像钉子，所以他认为丁是"随形变义的字"。笔者一直看好"天窗说",但也抵挡不住"从众"的诱惑和压力,深感困惑。不过,中国古代建筑和家具中很少使用钉子,殷商时代恐怕更少。通常所称的"钉子"在笔者中学时代还被称为"洋钉",即其近代从西洋传入中国。既然如此,"钉子说"就不太合理;"天窗说"自然成为主导。

回到"天窗说",徐中舒指出:丁为圆形围墙上架屋顶之形,屋顶斜面上开有通气窗口。甲骨文以窗孔为顶颠之顶,即顶的本字。在一些古印文中,有窗花的图案,有的很像蒙古包的藻井。丁的一些甲金文像伞形,到了小篆,写成"个"形,类似"余"(舍)字,侧重屋顶的形状。

诚然,天窗代表屋顶,房屋的最高处,有顶级、顶盛的含义。而"顶"从页,为人头,丁声,就是头顶的意思。同样,"天",从大(正面的人形),上面一横也是"丁"。天的本义为顶。屋顶与头顶,都是一个"丁",意义互相流通。在梦的象征中,"屋顶是脑袋和思想,是意识的控制塔"。梦见房顶,通常表示提供保护、庇佑。

丁的音义为"鼎",鼎盛。《说文解字》曰:"丁,夏时万物皆丁实。象形。"丁实就是壮实。《说文解字》作者许慎没见过丁的五花八门的甲骨文、金文,不受其字形不一的影响,反而解释得比较到位,保留了丁的远古信息:为壮,为盛。壮实是力量的象征。丁的强大义,也保留在"成"字里。成的本义是斧钺型兵器,从戊(斧钺),丁声,表示斧钺强大而战无不胜。"酊",从丁声,醉酒,自然是酒力的强大了。

那么作为房屋的丁,到底有什么力量?

丁是屋顶的俯视图,蕴含着居高临下的控制力,当然

也是"保护、庇佑"其俯视区域。甲骨文中的丁很多被画成方块形、长方形,估计是"丁"所控制、管辖的区域(故丁有"城邑说")。这样,丁的屋顶意象非同寻常,很可能蕴含古代部落征服异族领地的过程。丁,就是占据对方领地的一个象征性建筑,丁,象征着强力、控制力。占据一个地方,有所停留。这不是一般的停留,而是镇守的停留,带着厚重的"矴"石(矴通碇,石墩)来"殿后"。停,本于亭;亭,从高(房屋之形)丁声。《说文解字》曰:"亭,民所安定也。"许慎定义下的"亭",本质上是占领、占据,让被征服者归顺、服膺,从而实现"平定"(平天下是最大的平定)。因此,在丁的声符字中:汀,《说文解字》曰:"平也",即水平,引申为水边滩地,平滩;町,平地;订,《说

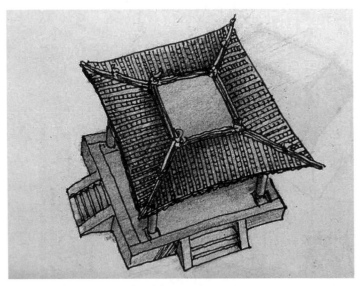

图7-4 丁是屋顶的俯视图,甲骨文中写成方形。"屋"为屋顶瓦垄之形,表示覆盖,引申为控制、掌握

文解字》曰:"平议也";町(tǐng),平坦,都有平的意思。

丁的占领、控制意象(与后来的"钉子"意象相似相通),有点像抗战时期日军控制的相关区域和交通线的炮楼(当年八路军袭击炮楼等据点,叫做"拔钉子")。在"盯""叮""打"等字中,丁的音义带有强制、攻击的意味。不错,占领区不是本土,是被撕裂的异族土地。因而丁的所在地就像一块"补丁"。补丁的丁,也写成"町"。占领者自然不被欢迎,只好独来独往,显得"伶仃"。

这就是"丁"的历史"真相",体现了其意义变迁的立体原貌,字形多样的完整拼图。"丁"的故事讲清楚了,"正"的奥秘基本上也被揭示了。

正从止(脚的象形,表示行走),丁声兼义,表示走向丁。按照上面的解释,就是走向(去)占领,走向(去)控制。去占领,意味着攻占和讨伐,那便是"征"字。征从彳(chì),正声。彳,表示行走,征本义为远行(征战而远行)。其实"正"也是"征"的最初用法,彳,是强化止的行走含义,即远行。对于被征服一方的民众,面对征服行为,不由惊恐。这便是"怔",《玉篇》曰:"怔忪,惧貌。"

去控制,意味着统治和管理,那便是"政"字。政从攴(pū,意为手持棍棒敲击),正声,本义通征,引申为治理。《说文解字》曰:"政,正也。从攴从正,正亦声。"攴犹如皮鞭,表示监督、驯化、教化,牧、教等字从攴,也有这层含义。正,表示纠正。政,在于纠正错误,维护正确。"证",从言从正,正亦声,本义是劝谏(证明的证,繁体为"證"),纠正不当言论。

"政"从"征"而来，意味着政治与战争的内在联系。军事理论家克劳塞维茨在《战争论》一书中有过一个著名的论断：战争是政治的延续。从"正"字角度讲，战争不仅是政治的延续，也是政治的起因（政源自征）。

正，最初作为征服者，去纠正对方的传统和文化。征服的结果就是正义登场。这也是周克商以来正的含义的转换。无论历史如何变迁，正留给我们的是正气、正义、正宗，是指纠正一切偏离的思想和行为。周易爻位逻辑中有一条重要原则就是"正"：阴爻到阴的位置，阳爻到阳的位置。我们做任何事情都要达到"正"，亦即到位。

7.4　强大与公正

公，起于祖先神，是敬畏的对象，拥有伟大的感召力，强烈的威慑力，所以发展成公门等官方权力机构，具有权威性、强制性。而正，乃通过武力获得的权力，也具有权威性、强制性。公和正都建立在强大基础之上。

公和正的结合，给予我们一个启发：公正不仅仅是个伦理概念，实现公正的前提是需要一个强大的社会组织或权力系统来支撑和保证；换言之，公正是实力的体现，实力是公正的必要条件（但不是充分条件）。

8. 法 治

"法治"一词古书早有记载。《晏子春秋·谏上九》曰:"昔者先君桓公之地狭于今,修法治,广政教,以霸诸侯。"《淮南子·氾论训》曰:"知法治所由生,则应时而变;不知法治之源,虽循古终乱。"法治,字面意思就是以法治理。

8.1 法:从刑法到规范

法的本义为刑法。《盐铁论·诏圣》曰:"法者,刑罚也。所以禁强暴也。"法的音义与罚相通。从字形上讲,法,从水从去。其中水代表水的平直,象征执法公平。这是文字学界的通常说法。至于去,一般把去看成是"盍"字,有合的意思。这样,法就有合法、合理等含义了。显然这些解释与法的刑法义相距较远,可能是后起的。

法从去,去的形义很关键。新近的研究成果表明,去有两个来源,其一为"盍"的本字,从大(为盖子之形)从口(器皿之

图8-1 "法"的楷书,柳公权的书法,方正刚健,颇有法的气度

形）；其二从大（人的正面之形）从凵。凵，有时又写作"凵"，结构之意不明，或以为洞口、洞穴，表示离开某地。前面一种来源不适合法的本义；后面的来源，比较费解。我们就费点功夫解释一下。

去为离开，古今通用。去，人在口上就代表离去？在甲骨文、金文中，表示往来的，一般直接用脚的象形表示，很少用人，如"出"字，上面是止（脚趾形），下面是凵（坎的最早用法），表示从洞穴中步出，本义外出。"各"，甲骨文从"凵"（或口）从"夂"（像脚趾向下的脚），金文则从"口"从"夂"。"凵"或"口"像洞穴，"各"字像脚朝向洞穴，表示人来到和进入洞穴，与"出"的意思相反。"各"的本义为"佫"，表示来到。

因此，去从大而表示离去，可能另有隐义。这需要从去的声符字寻找答案。

去的声符字中，有表示驱除、除去义的，直接与去义关联。如"祛"（qū）从示，去声，兼表离开、除去。本义为祭神以求消灾去祸。"呿"（qū），神名，估计是除魔的神；姓，可能是专以祈福消灾为业的家族。"呿"念qū音时，含义与"祛"同。"麸"，麦粥，去皮成粉，有去热功效。"抾"（qū），驱除，从手，有挥手赶人的意象。

以上去声字驱除含义明显。还有一些比较间接，如"袪"，本义为衣袖、袖口，但也有除去义（通祛），如"袪痒"。其与拂袖而去的动作相关：袖口是出气的通道。"胠"，腋下；或做动词表示从旁边打开。胠的这两个字义貌似无关，实际上一静一动。腋下是隐蔽的位置，古人把东西藏在身上，通常叫掖。掖也通腋，两者声符为夜，表示隐蔽（腋下的位置）。"肰"的动词实际上就是人双手展翅般敞开、举起，腋下就打开了（腋下为身体的两旁，故谓"从旁边打开"），藏在腋下的"秘密"也暴露了。而暗藏的东西，掉落在地，等于被"驱除出境"。

去声字的驱除、驱逐义，回应了去的离开义。这表明：去字中那个人的离去，是被驱除出去的，强调被驱逐的那个人，所以从大，而不从止。大，一般指成年人，或者在族群内有一定职能的人。笔者推测，其人可能违背族规，或者犯有重罪，被看做邪恶不吉，触怒天神，而驱逐出族。在此背景下，对照《说文解字》："去，人相违也"，就值得回味。今人将这个"违"，仅仅解释为离开、违离，看来不是很完整。应该说，"违"暗含着违逆、违和而离去的意思。这也表明，《说文解字》用"违"释"去"，意味深长。

那么，"去"中人被驱赶到哪里呢？让我们继续探究"去"的声符字。

"阹"（qū），从阜（山丘），去声，猎人利用山谷等有利地形围猎禽兽。阹为猎场，驱赶野兽至绝境而捕猎之。这个绝境就是山谷的尽头，没有出路的围场。"厺"（qiè），从厂去声，山崖。"厺"是对"阹"绝境的补充，即天涯海角无所归的地方。

《搜神记》卷十四载："昔高阳氏有同产而为夫妇，帝放之于崆峒之野。"这里记载的是有两个同母所生的亲兄妹结为夫妻，因触犯"血亲禁忌"，颛顼帝把他们流放到山野（自生自灭）。崆峒之野正是"去"的绝境所在。我们在《水

浒》里时时看到各路梁山好汉被官府控罪而流放（发配）的情节。沙皇时代的俄罗斯经常把政治犯流放到天寒地冻、人迹罕至的西伯利亚。

在古代，流放是比死刑更严重的惩罚，因为离开族群，就失去了灵魂依托（而且死后灵魂也不能重归故乡），被剥夺了身心的所有权利（今人至多是被剥夺政治权利终身）。这样的惩罚极其可怕。"怯"（《说文解字》曰："怯，多畏也。"）字体现了这样的恐惧和不安。

图8-2　被流放到巴比伦的犹太人

从流放的角度讲，"去"从大从口。这个"口"就不是什么洞穴了，也不是离开这个"口"，相反，"口"为流放地，一个限制人身自由的地方。为什么？去的另一组声符字提供了相关信息。其一："劫"，押解罪犯到某地（口）囚禁，从力，表示强制力。其二："鉣"（jié），一种套在脖子上的铁圈，也是拘禁罪犯的刑具。鉣的刑具意象来自流放地（口）的拘留属性，即限制人身自由。

现在看来，去从大从口，不是静态的形象，而是一个动态的过程，一个远古禁忌的故事，但省略了其缘由（违反族规而放逐），仅仅给出了一个结论性的"截图"（拘留在流放地）。

去，原来蕴含着惩罚的历史原型，与法的本义很接近。那么，"法"字中的水又表示什么？

汉字中从水的字，一般表示水的性状和形状、水的运动，以及人所进行的与水有关的动作，还有一些是河流湖泊的名称。与人的活动有关的如"洗"，从水，先声。先，上面为之，前往，下面为人，意为前进。加上水就是洗。"法"从水，从去，想必也与水洗有关吧。

流放最初与洁净禁忌有关，古代部落违规犯法者被视作邪魔附身、亵渎神明，一方面要驱逐，另一方面也要清洗其罪。而水有洁净功能，可以洗涤有形无形的污垢，就像印度的恒河。30多年前有一部电影，讲边远地区的青年男女私通而被判罪，照族规应"沉江"。戴罪之身的沉江，寓意江水清洗、清除义。

"法"从水，就是针对流放者的清洗行动——驱其污，除其罪。"修"字可能与此清洗仪式有关。修从攸，会意泼水洗人背部，令身心得以洗涤；从彡，寓意获得新生。"修"引申为修身、修养。清洗一词后来成为抽象意义上的清除、清理。

法，最初是刑法，如何发展出规范、规则义的？"刑"字本身就是答案。"刑"最初只作"井"，后来加从"刀"作"刑"，古代井边围栏交错有序或者井田方格状有序分布，

"刑"字从"井"取其有秩序、法度之意,"刀"是执行刑法所用的武器。

同样,法的刑法、惩罚意象背后是规范、规矩;而水的清洗仪式也体现了规则、规范,最后以水的平直来表示这样的准则("准",繁体为準,从水隼声)。所以法就有了法规、法则等含义。当然这些都是加以抽象、引申后的说法。

不过"法"的原初意象中的确蕴含着规则和标准,而且是通过一个神圣的形象来表达的。这就是"法"的古文"灋",里面还有一个神兽——廌(zhì)。

8.2 解廌与皋陶

《说文解字》曰:"灋,刑也。平之如水。从水,廌所以触不直者去之,从去,会意。"这是许慎对"法"的一个著名定义,意思说:"廌"(zhì)是传说中一种能辨别是非曲直的动物,亦称为"解廌"或"獬豸",在争讼中,廌会用角触不正直的一方,驱走歹人,使刑法公平如水。因此"灋"的本义是刑法。

解廌有如此功夫,令人惊异,也好奇其长相如何?《说文解字》解释:"兽也,似山牛,一角。古者决讼,令触不直。象形,从豸省。"从甲骨文的造型看,廌像有双角、高肩、翘尾的牦牛。金文画出正面,更像牛。当是大公牛"犍"的本字。

"犍",从牛,建声,有健壮义。另一方面,建通律,表示律法和规则。传统历法正月叫"建寅"。《说文解字》曰:

"建，立朝律也，从聿，从乇。"这意味着犍牛（廌）象征着律法，自然断案公正无误。犍牛之"正"也体现在"廌"的音义上，即通"直"，廌代表直，以其直衡量一切争讼。直，正直，就是正确。英语的 right（对，正确），与 straight（笔直的，整齐的，有条理的）同源，也说明"廌"的直与正。

图8-3 解廌

解廌是秩序的象征。其实狗也代表秩序与正义。《断梦秘书》云："梦犬自天下，行为不正之人，梦之大凶。守正者梦之，则又主勇夫来助之兆。"古代梦占逻辑中的狗与廌，非常相似。此梦意指越轨者遇到了警察，安居者则有了护卫。"梦犬吠，此梦有祸乱之事。"狗警戒，见祸乱而吠。狗代表秩序，故有狗守护的地方，也表示安宁。"默"从犬，默然，即安静无嘈杂，体现了狗的守护。"阒"从门，从狊（狗注目警视），也是安静的意思。

有个中年男人梦到自己路经一个篱笆围着的花园，里面有棵苹果树，枝叶繁茂，硕果累累，鲜艳美丽，不由垂涎欲滴，想伸手去摘。他的手刚伸出，突然暗中冲出一只黑狗，吓得他落荒而逃。梦中苹果表示情感或爱情，篱笆

内的苹果,自然是人妻。摘苹果的欲望乃出轨的念头,而黑狗(黑色代表严肃认真,不妥协)就是其人的道德良知。

古人也借着解廌的特性大做文章,鉴于其执法的公正性,称其为任法兽。据《神异经》记载:"獬豸忠直,见人斗,则触不直;闻人论,则咋不正。一名任法兽。"人们还发明了一种执法者的官帽,称为獬冠。《淮南子·主术训》曰:"楚文王好服獬冠,楚国效之。"这样的官帽,汉代称其为法冠。《后汉书·舆服志下》记,法冠高桶状,"或谓之獬豸冠。獬豸神羊,能别曲直,楚王尝获之,故以为冠"。獬豸帽在春秋时代已出现,秦代时执法御史戴着它,汉代因循下来。古时称御史冠为獬豸,进而以獬豸代指执法官。

讲到解廌,不能不提及皋陶(gāo yáo)。他是古代最早的司法官,即掌管刑法的官员。因其制典造狱的功绩又与上古先贤尧、舜、禹被同称为"上古四圣"。

传说皋陶其貌不扬,面相古怪,其人下巴突出,犹如鸟喙,而且脸色发青。皋陶的这些容貌特点也反映了他的执法形象:刚正不阿。一者下巴突出如鸟喙,是断案坚定不移的象征。我们说颔首,就是点头,系肯定的判断。颔为下巴,下巴突出,善于判断。二者青面,令人想起宋代的包青天。青色也就是黑色,金属色,以此寓意皋陶铁面无私。

皋陶处理案件时,就带着解廌作为办案助手。这个独角神兽也毛色发青,好像是其主人面色的延伸。史书记载其外形,似羊非羊,似鹿非鹿。作为法官,有时会遇到棘手的案子而难以正确断定。于是皋陶就启用解廌,"触不直者而去之"。这情景如同今日巡警配备的警犬,但解廌更具神性。

至此,我们可以说解廌是司法神兽,皋陶是司法神人。

从象征角度讲,解廌是我们心灵深处的良知,用以衡量复杂纷繁的法律事件。解廌乃直解,直接面对扑朔迷离的案件、障碍重重的干扰而解之。这样,法官的内心需要唤醒正义神兽,从而"直"(廌)指人心,无所畏惧。

图8-4　传说中的司法鼻祖皋陶

解廌作为法官的无意识心理原型,在某种意义上与当今司法界讲的自由心证相通。自由心证原则主张,法律不预先设定机械的规则来指示或约束法官,而由法官针对具体案情,根据经验法则、逻辑规则和自己的理性良心来自由判断证据和认定事实。而自由心证(在中国又被称为内心确信制度)是指法官依据法律规定,通过内心的良知、理性等对证据的取舍和证明力进行判断,达到深信不疑的程度,形成内心确信(心证)。也就是说,法官审判案件,在遵守证据规则制度的前提下,只根据他自己的心证来认定案件事实。

法官的这种"自由裁量权",说到底,还是基于心灵深处那头无形神兽——解廌,才能做到最大程度的公正无私。

8.3 治：从治理到福利

治的本义，照许慎的说法，是河流名。《说文解字》曰："治，水，出东莱曲城阳丘山，南入海。从水，台声。"但后世都作治理义。治的治理义与水名有什么关联，现在已无从考证。可能是由于那条河得到有效治理而被命名。因此，治的本义实为治理，即疏浚河道。《广韵·至韵》曰："治，理也。"

从字象上讲，治之为治，源自声符"台"。值得注意的是，治的声符不是台阶、高台的"台"（繁体写作"臺"），简化字把"台"与"臺"合并成一个字。那么"台"的构形是指什么？文字学家对此有不同解释，比较集中的有两种观点，其一认为是"胎"的本字，始和胎都与此有关；其二认为是耒之类的农具，即"以"字。

笔者觉得这两种观点并不矛盾，彼此有内在联系，但以农具说为本，引申出胎育说。因为农具耕耘对应着播种生产，而胎与怀胎、怀孕有关，是子宫内的播种生产。这情形与妊娠之"娠"相似。"娠"的声符辰，甲骨文像一种蛤蚌类的大贝，被用作耕田除草的农具。"農"（农）、"辱"（"耨"的本字）字从"辰"，表示手持农具除草。辰为农具用于耕耘；女为大母神，也是大地母亲，故"娠"表示孕育。"娠"与"台"，都说明了以农耕播种作为怀孕生育的隐喻。因此，"台"的本义应是农具农耕。

土地通过耕耘而成为田地。农田规整，所谓阡陌交通，陇上垄下，井然有序。而治从水，是对沟渠、水道的疏浚整治，在农业社会意义重大。首先，疏浚工程让水流通畅，舟楫迅达；其次，疏通水道，一方面防范洪水泛滥，确保河岸居民的生活安全；另一方面沟渠灌溉，完善农田水利，保障农作物的生长；再次，发展沟渠水道的养殖业。显然，水利功效不仅有益于水道自身，而且惠及田地稼穑。

水的治理，令河流、沟渠成为农耕定居的有机部分，成为族群繁衍的基本条件。很多文学小说赞称家乡的河为母亲河，是哺育那个流域人民的大母神，诸如赵丽宏散文：《我的母亲河》；索向传作词，乔圆圆演唱：《大沽河，我的母亲河》；苏扬的散文诗：《我的母亲，我的运河》；汤友盛：《沂河，我的母亲之河》；李文旺：《互惠河，我的母亲》；埃及乐曲：《不朽的尼罗河，伟大的河流，我的母亲》等等。

河流的治理，由此与河流的养育挂钩，这也回应了"治"的声符台之所以有两种相关来源（胎和农具）的缘故了。同时也暗示，治理的深层逻辑就是养育，就是成为一体，成为自己。比方说社会治理的最高境界——如慈母的养育，那曾经出现在遥远的母系社会。而人类历史承袭下来的治理结构却是父权的管制。在这意义上，原初的治理是感化，是天下归仁的感召，是圣贤政治，也是治理的理想。

治理治理，治和理的组合如此密切，以至于古代字典直言"治，理也"。对此我们有必要审视"理"。《说文解字》曰："理，治玉也。从玉，里声。"复旦大学的裘锡圭教授认为理本义是玉的纹理。按照玉的纹理来剖析它、整治它，也称为"理"，引申表示治理、整理。《广雅·释诂三》解释：

图8-5 "治"的篆书（邓石如）

"理，治也。"在我们看来，玉的纹路与田野阡陌相似，合乎治理观念。

事实上，"理"的纹路确与阡陌田垄相关。这便是其声符"里"。里从田从土，为农耕定居所在，想必也有"阡陌交通"的"纹理"。里后来引申为里外之里（繁体字用"裡"表示，从衣）。大概经过耕耘的土地于人而言具有亲和性，像母亲一样滋养着子民，所以不仅宜居，而且成为内"里"（回味一下孔子讲的"里仁为美"），成为母亲体内的胎儿、怀抱的婴儿。相反，那些没有耕耘过的土地，不具有母爱，不能哺育，称之为荒野。

至此，治之治理不仅指基础设施的水利，更指社会服务的福利。

9. 爱 国

爱国是公民的道德情操,反映了人们对自己祖国的深厚感情,以及个人对祖国的依存关系,是人们对自己故土家园、民族和文化的归属感、认同感、尊严感与荣誉感的统一。爱国之谓,古已有之,如汉代荀悦《汉纪·惠帝纪》载:"封建诸侯各世其位,欲使亲民如子、爱国如家。"《晋书·刘聪传》曰:"臣闻古之圣王爱国如家,故皇天亦佑之如子。"

9.1 "恋":灵魂的呼吸

爱是生命、生存。爱与心密切关联,难怪我们经常见到以鸡心符号来表示爱的。在汉语习惯上,爱与心也是并称组词的。爱与心的一体化,是千万年来人类的生命经验,《爱的奉献》这首歌唱道:

爱是 love,爱是 amour
爱是 rak,爱是爱心,爱是 love
爱是人类最美好的语言
爱是正大无私的奉献

我们都在爱心中孕育生长

再把爱的芬芳洒播到了四方

我们要在爱心中大声地歌唱

再把爱的幸福带入每个人的身上

爱会带给你无限温暖

也会带给你快乐和健康

网民常以"爱无心"取笑简体字。的确,爱的繁体,有一颗"心"藏在其中——"愛"。爱从心,理所当然;若进一步细究"愛"的结构,就有点费解了。

图9-1 繁体字的"愛"从心,从旡

笔者"愛"上了这个"费解"的结构,一心想搞清楚"愛"字的上下零部件有何功用。但多年来,一直未能参透其形义结构、音义关系;而文字专家各抒己见,歧见纷呈。《说文解字》曰:"愛,行皃。从夊,㤅声。"许慎把爱的本义说成是行走的样子。又说"㤅,惠也。"㤅,即爱的本字。这是最初的"歧见":爱的本义为行,其与爱有什么关联?而且爱的声符字,多为隐蔽义,更增添了"愛"字的"暧昧"。

我们先看爱的本字——"㤅",从心,旡声。"旡"与心的关系是破译"愛"的入口。且看"旡"的构形意义。许慎认为旡是欠的反写,意指打饱嗝,表示吃好饭了,是既的本字。但多数古文字专家认为旡是字形为扭头向背后的跽坐人形,是既的略语;或者是"像人跽而口向后张之形"。

看来，向后张口之形较符合甲骨文的"旡"义。

以"旡"之回首义理解"㤅"，给人许多联想空间。白川静从"爱"的本义结构中，推导出"回首顾盼、牵挂于心"的意象。这是富有启发意义的建设性的解读。这样，我们自然把"㤅"（爱）看作是"心的回转""心的眷顾"，亦即关心、关爱之谓。

显然，"㤅"（爱）的关照意象比较合理，也具哲学深度。

不过在笔者看来，"旡"之回首，恐不会这么简单地"眷顾"了事的，"爱"之从夊（行走）也不是无缘无故的。爱这么重要的情感，一定有着深刻的心灵因缘。在远古浓重的巫术神话背景下，"爱"字的独特结构无疑地隐含着祭祀活动的秘密。

那么，"爱"是怎样的一种祭祀活动呢？我们不由再度叩问"㤅"字中的关键因素"旡"。从语源上讲，旡与气有关（按，是许慎饮食气逆之气的引申），"㤅"，便是气的给与、惠赠，也是"气的交感"。气的异体写作炁。在道家等修炼中，气多写作炁，为先天之精炁，具有生命能量。同样的，在"㤅"的语境中，旡也具备灵体特征。那么旡的灵体能量，意欲何为？

《汉字字根》的作者认为，"㤅"以旡为声符，有注入义。这个信息很重要，意味着灵体能量的注入。从"㤅"的结构讲，是"旡"的灵体对"心"的注入（这应了许慎关于"欠"的反写之说——"欠"为哈欠，为吸气的话，而旡为反欠，便是吐气了）。"㤅"的注入义犹如一道闪电，照亮了"爱"的真义。

在远古信仰中，生命是不朽的，生命可以轮回。古埃及人做木乃伊时，心脏留在体内，以期来世顺利复活。因此，心被认为是生命和灵魂的场所。而在埃及的象形文字中以罐子代表心。由此可见，"忎"字中的心，也是生命和灵魂的归宿。而"旡"，便是注入灵魂的气。"旡"相当拉丁文的animus（精神）和anima（灵魂），它们与希腊语里的"风"是同一个词。心理学家荣格考察希腊语、拉丁语、阿拉伯语中灵魂的词源时，发现其大多与风、气体、呼吸关联，认为灵魂就是运动着的力，即生命力。

我们认为，"忎"字中储存着生命复活的故事，隐含着灵魂回归心脏身体的古老的祭祀活动。"旡"，音ji，是给予，生命之气灌注的给予、赋予；而"旡"的甲骨文为"扭头向背后的跽坐人形"。这是谁呢？笔者猜测，"旡"很可能是一位做"法事"的祭司，他跽坐着，念念有词地一番念咒，把由此获得的神力注入那颗期待复活的"心"。"旡"反映了这个动态过程，一方面，他转过身——这是象征性动作，表示阴阳转化，就像民间还存在的走阴巫师；另一方面，他张开口，把生命-灵魂之气"惠赠"于"心"，唤醒那"心"的生命力。

这样的"施法"仪式，多半反映了古人对灵魂的重生、转世、复活的信念，即

图9-2 灌注生命——灵魂之气

逝者返阳的期望，其时祭司运用"法力"，一路护送灵魂，令其安然返回身体。此外，"旡"的注入，还包括危重病人的救治（特别是昏迷不醒的），婴幼儿夜啼的招魂，梦游失魂态的回返，总之，是生命力的复活。

9.2 "爱"：生命的回归

由此，"旡"可以看成是灵魂重返身体之旅，是希望之旅。而这恰好回应了爱与爱的本义（行走的样子）不相匹配的困惑。现在我们再来看许慎的定义："爱，行皃。从旡，夊声。"那声符"夊"（音sui，与祟音相通），正体现了灵魂回归路上的悠悠状。魂归身体的故里，原来这就是爱啊！

说到这里，我们不由想起"憂"（忧），其结构与"愛"非常相似：中间从心，下面从夊；所不同的是："憂"的上面从页，"愛"从旡。"忧"是指先人的灵魂离开身体前往灵界的行（夊），突出后人对出离灵体的去向或可能降祸的"忧虑"。而"爱"是离体灵魂在祭司的护送下重返身体的行（夊），强调复活或重生的价值。因此，爱关联着、影响着生命之体的命运。

事实上，"愛"之灵魂的回归，生命的复活，起于曾经的灵魂出离，生命的危机，包含着曾经的悲哀，以及对重生的冀望。这就是"哀"。而"哀"思的背后是生还的期待（"爱"的回归），因此，《释名·释言语》说："哀，爱也，爱乃思念之也。"

爱，是灵体、灵气的注入，在注入身体，注入心房（前

文所说的埃及象形文里的心为罐子）之际，生命洋溢着激动，充斥着忘我的激情。这就是我们习惯上所称的兴趣"爱"好的状态，一种生命被激活的盎然状态。比较英语的"interest"（兴趣爱好），义为concern（关心），从inter（在…之间）从est（根词为es，to be存在）。因此，Interest就是指处于存在状态（鲜活的生成态），与爱、爱好的状态相通。

在"爱"的回归中，祭司的引导至为关键。"爱"有个异体，从旡从牧，突出祭司（旡）的引导之功，即像放牧一样，护送灵魂的回归；换言之，"旡"是灵魂的放牧者。

在犹太－基督教文化中，喜欢把神与人的关系类比为牧人与羊群的放牧关系。牧者与羊的比喻带有典型的游牧生活的印记。牧羊人在《旧约》中的隐喻意义特指上帝，到了《新约》中又指耶稣基督。《旧约·诗篇》第23篇中有一节诗以被牧之羊的口吻称颂牧人：

> 主是我的牧人，我什么都不缺乏。
> 他使我安卧在青草地上，
> 　领我到幽静的溪水旁。
> 　他使我的灵魂苏醒，
> 　又照着他的应许，引导我走正直的路。
> 　我纵然经过死阴的幽谷，也不害怕。
> 　因为你在我身旁，
> 　你的杖，你的竿使我得到安慰。

诚然，"旡"在这里可以看作是耶稣基督，神的放牧体现了耶稣的爱。当然,"旡"也可以看成是引领犹太人走出埃及的摩西。在摩西的带领下,犹太人重返上帝应允之地——迦南。显然,就犹太人的命运而言,这是上帝的爱,是摩西的爱。

迦南(Canaan)是犹太人的福地,是"流着蜜和奶"的土地,也是蒙受神恩的庇护地。相信很多民族都有自己的"神恩庇护地"。至于每个个体的"神恩庇护地",就是家乡了,那情意深深、血脉悠悠,有着祖先神福荫的故里。

当我们谈论庇护地时,常有历经迁移而最终得以安居的故事,这与游魂历经曲折最终回到身体的经历相似。正因此,才有爱的关切,爱的守护。所以爱本质上也是一种庇护:羽翼下的雏鸟、大象腹下的小象、母猴背上的小猴……以及偎依在母亲怀抱中的婴儿。

爱的庇护意象其实早就隐蔽储存在"爱"的音义中,诸如僾(人隐)、薆(草木茂盛隐蔽不见)、叆(云盛遮日而不明)、曖(目之遮蔽)。显然,遮蔽就是庇护。当然,换个角度,爱的遮蔽音义,也意味着爱是悄然发生的,隐然期待的,是默默无闻的奉献。相

图9-3 爱的庇护

形之下,那些振臂高呼的爱,显得肤浅而廉价。

概言之,爱的庇护("爱护"),就是灵魂回到身体,游子回到故乡。

爱走在回家的路上,咏唱着生命的赞歌,庇护着灵魂的安宁,爱的故事源远流长……

9.3 国：城邦的守护

一般讲，国（繁体为"國"）的本字为"或"，从戈，从囗（围的本字），表示持兵器守护疆土或城邦。古代国家以城邦或首都为核心，控制周边地区。国，通常就是城邦。

《说文解字》曰："或，邦也。从囗从戈，以守一。一，地也。域，或又从土。"许慎把口下面的一（短横）解释为大地。其实甲骨文、金文中，这个短横，很多字形都省略了；在加短横的字形中，有一横，也有二横，还有四横的。显然短横与大地无关。学者邹晓丽认为短横是脚印，表示围绕着"囗"巡逻守卫，这一解释体现了"卫"字结构。卫的繁体为"衛"，中间为"囗"（城邑），四面画着四个脚印，像是沿着城墙周巡。

"或"（國）从戈，基本上是定论，也符合今人的常识，即戈之兵器，象征着国防力量，国庆阅兵式便是各类先进"戈"现身的时机。不过在古文字中，有些字形接近"弋"。这在字音关系可以发现一些蛛丝马迹。

语源学家齐冲天指出："在甲骨、金文中，从弋与从戈常常不分，或字在古文字中大多是从弋的，小篆至隶楷皆从戈，取守卫义。或，从囗，弋声。"其中弋（杙），即橛或櫽，《说文解字》曰："弋，櫽也。象折木衺锐著形。从厂，象物挂之也。"段玉裁注："凡用櫽者为有所表识。所谓楬櫽也。"弋多为固定在地上的小木桩，用以系牲、系舟；也起标识作用，故从弋的字常有标识义。

用弋来标识地界，如同后世的国界地标。动物经常用身上的毛发、排泄物等在其领地范围留下痕迹或气味，警告外来者不要入侵。这情景本质上也是"弋"。因此，或的古文，在"口"的下面或上面，或四周留下的短横，笔者以为就是标志地界的小木桩（"弋"）。或，从弋，强调地界，其本义便是"域"（"或"一般也看作是域的本字）。从音韵角度讲，弋与域的古音相同，说明域（或）的边界、范围义，起于古代的界碑——弋。

从逻辑上讲，或（域）最初与疆界有关，随后才有保卫疆界的意识。"或"的声符（兼表意）也经历从"弋"到"戈"的变化（因为两者经常混用，故而难以确认变化先后）。"戈"作为声符，侧重守卫，遂构成了"國"的声母。

"國"的守护，当然是边界的守卫，就像古代长城；或者城墙、城隍、城郭。郭，从邑。本义是在城的外围加筑

图9-4 国家的边界

的一道城墙，通称城郭（内城叫城，外城叫郭）。因而，郭与國，音义相通。

"或"从戈，为守城，属于防卫。但于敌方而言，就是设法攻占城邑，掠夺财富。古代战争中，攻城略地经常发生。所以"或"的城邑守卫意象，也包含城邑的占领、占据意象，显示城邑的易手现象。而后者发展为占有、拥有义。"或"的占有、拥有义，也就是"获"的音义所在（或与获，古音相通）。"获"，繁体作"獲"，狩猎捕获动物。"或"攻占城邑，捕获奴隶和财富。所以"或"的古汉语中表示有人、有时，如《小尔雅·广言》云："或，有也。"这在文言文中经常见到，《周易·乾》曰："或跃在渊。"《诗经·小雅·吉日》云："或群或友。""或"的有义，今人读来轻松，殊不知其背后的艰难岁月。

城邑的攻守易手，必然有伤亡，出现战乱和难民，就像今日叙利亚，人民苦难深重。这些情感心理，沉淀在相应的汉字中：恦（yū），痛心；恤（xù），心惑；惆（guó），心乱；恨，因战乱而离愁别恨。邑，从口从人（巴为危坐者的象形，意指守护城市的人），加上竖心旁为"悒"，也有忧愁悲伤的意思。

有的城邑属于战略重镇，系兵家必争之地（如汉中、徐州、荆州），交战双方反复攻守易手；或者在一个较长的历史阶段，没有固定的统治者，占领者时有更换。对于城邑居民，往往不知所措，不仅生活上缺乏安居，精神上也无所归属（上古城市有自己的神，而攻占者信奉自己的神），自然感到困"惑"。"惑"从心从或，正是其心理的真实写照。

正因为城邑的攻守易手反反复复，城主不确定，或，就发展出副词，表示不肯定：或许；也发展出虚词，表示选择或列举。白川静在解释"惑"时，说由于或的不确定性，所以感到迷惑。我们基于古代战事背景，找出了"或"的系列声符字的内在联系。

国与郭音义相通；郭与裹音义相通，因而国与裹也间接相通。国家就是包裹而保护着国民的领土，前提是国家的统一。大一统的国家，经历了千百年的磨合、整合，形成强大的民族认同、文化认同，不再有迷"惑"，也不会有疑虑（或然）。

9.4 力量的源泉

爱是生命的回归，回到大母神的怀抱。国是城郭、城邑，是周易坤卦的容器特征。国包裹着自己的历史和文化，就像祖国母亲的孕育成果。爱和国，相辅相成。

爱国或爱国主义，一方面有生命回归的冲动；另一方面有国族认同的整合。"复"字暗含这样的心性和精神。《说文解字》曰："复，行故道也。"行故道，意指返回，走老路。在金文中，有一个原始古老的复字，由栅、亚、正三字组成，表示走到有栅围绕着的屋里来了，即"返回"家园。一般来说，房屋是大母神的象征，母系社会房屋更是代表着大母神的属性。"复"描绘的是一只走向母系家族的足，意指回归母系出身地。在隐喻层面也可以说"复"是回到母亲的怀抱，或回归母体，返回子宫。古希腊英雄安泰俄斯的脚一旦触及大地母亲便立即恢复活力，安泰俄斯的特质正是"复"字原型的真实写照。因此，复有返回和复兴（生殖生育）两义：返回母体本源，从而获得生长、发展的动力。

爱国者的心就在走向母体的路上，是坚定不移的回归，就像动物界的洄游、迁徙，无所畏惧，勇往直前。这样的心，就是"愎"。愎，意为固执不听从，常有贬义，如刚愎自用。但是其本源恰恰是回归母体的坚定信念，绝不动摇。

复，也对应着周易的复卦（地雷复）。复卦有回归和复兴两重含义。爱国者的行为，也通过回归传统，加深认同，而振兴、复兴国家。

10. 敬 业

"敬业乐群""忠于职守"是中国文化的传统美德。春秋时代孔子就主张"执事敬""事思敬""修己以敬"等；唐代的韩愈强调"业精于勤荒于嬉"；北宋程颐则进一步说："所谓敬者，主之一谓敬；所谓一者，无适（心不外向）之谓一。"今人通常把敬业定义为：专心致力于学业或工作。

10.1 "敬"向何方？

敬字使用广泛，敬重、敬仰、敬佩、敬爱、敬贺、敬畏、敬肃、敬香、敬酒、敬茶、敬候、敬礼、敬禀、敬奉、敬悉、敬献、敬赠，还有：虔敬、崇敬、礼敬、致敬、钦敬、欣敬、弥敬（满月礼）、回敬、申敬、孝敬等。

敬的基本含义是：尊敬，恭敬；或者：尊重。显然，尊和恭颇能反映敬的特征。

图10-1 虔敬者，谦卑而恭敬

尊，酒器，古代用作祭祀的礼器。甲骨文字形，像双手捧着尊，从酉，从収（gǒng）。小篆从酋，从収；或作寸。酉（酒器之形）上面增八为酋。八为展开，表示酒水溢出，或者酒气熏熏。尊是商周时代常用的盛酒礼器，引申为盛酒祭奠。《周礼》六尊：牺尊、象尊、着尊、壶尊、太尊、山尊。尊以祭祀，也以敬宾客，演变为敬重、贵重义。

恭也很贴近敬义。恭，从心共声。共，拱手做礼，可能也与祭祀供物有关。《说文解字》曰："恭，肃也。"又曰："敬，肃也。"恭，为肃敬，与敬同义。这样，引出敬的第三个特征：肃。文字学家通常认为敬的本义就是严肃。由此可见，敬似乎显示了古代祭祀礼仪场合的一种庄严肃穆的气氛。

回到敬字，让我们看看文字学家是如何解读"敬"的？甲骨文、金文从"羊"省从"卩"（跪坐形），与"羌"字形近。"苟"（按，不是苟且的"苟"）疑像羌族人恭敬跪坐之状，是"敬"的最初写法。古代羌人被殷人当作奴隶，故以羌人来表示恭敬。古文字学家于省吾认为"羌"兼充当"苟"的声符，后引申为谨慎、儆戒、警惕。"羌"与"苟"的区别在于，"羌"字的人形是站立的，"苟"字的人形是跪坐。

邹晓丽也认为"苟""敬"同字，苟、羌同源。羌是中国古代西北方一牧羊民族，故字从"羊"。羌族和殷商古时曾相互征战不已，殷人祭祖时，多以羌人作牺牲，故字形多为受桎梏、受系缧的牧羊人形。加口（按，指苟下面的口），表示宣告对羌人要警惕。再加攴，即敬从戎事（小心谨慎地征战）之意。

白川静大体上沿袭以上解释，但还是加上他固有的"咒器说"："苟"为跪着的羊首人身之人。羊首指代藏族系的畜牧民族羌族，下跪意味着他们被捕获以作牺牲。"攴"表示手持小棍敲击。"敬"表示在用作牺牲的羌人之前，放置有向神祷告的祷辞之"口"，再从后面用杖殴击羌人，根据神意而加以责难、训诫、惩儆。"敬"为向神祷告的祝咒仪式，此时对神怀恭敬奉侍之心意，因此"敬"有恭敬义。

还有人认为敬的甲骨文从羊从人，会牧羊人之意。金文或另加义符口；或既加口又加攴（手持棍），以强调执鞭吆喝督敕羊群，表示认真做事。古文承接金文，省去攴并文字化。本义为做事严肃、恭谨、认真，专心致志。

西周早期金文以苟为敬，敬字在西周早中期之间产生，是在苟字基础上累加义符而成，作为表示肃敬之义的专字。西周金文中敬字多用为严肃、肃敬之义。恭敬之义始见于春秋金文。《诗经》雅颂部分敬字用为严肃、恭敬之义。总之，敬字本义为严肃。

以上诸说，各有侧重，邹晓丽与白川静的解释比较接近，都是主张以羌人作牺牲进行祭祖仪式。而白川静的祝咒仪式说较

图10-2 羌人羊图腾

好地揭示了"敬"有恭敬义。不过在笔者看来，这些解释，还是不够"贴身"，依旧令人生疑。如以羌人为祭品，如何体现其"敬"意？攴，一般作为教化、驯化工具，远非武器，何以有警戒之谓？古代羌人归顺殷人而恭敬，这个说法作恭敬讲尚可，但作警惕解时就勉强。至于白川静向神祷告以及以羌人为祭品的说法，也很难解释"敬"的敬意和警惕义如何产生？就祭祀而言，敬畏和警戒是普遍存在的，不一定非要羌人这个祭品不可。

 10.2　羌人的祭祀

既然"苟""敬"同字，我们就把目光集中到"苟"字。从字象结构讲，苟，从口从羌，羌兼表音。鉴于汉字声符的重要性，羌字值得深入探讨。

《说文解字》曰："羌,西戎牧羊人也。从人从羊,羊亦声。"这个大家很熟悉。关键是"羊亦声"，因为声符通常是字的秘密所在。根据现存的羌族南北方言，他们称羊为"Tsha"，其发音与"羌"相近。无疑的，羌，也就是羊人。

但是羌的含义又不止于此，古代字典还记载着其他意思，如《小尔雅》、《广韵》上说："羌，发声也。"这就很奇怪了。《后汉书·冯云传》也有注："羌，语发声也。"羌之牧羊，何以表示发声？研究羌族史的学者发现这个"羌"是某一类人讲话时的发端语。

原来"羌"之发声源于远古时代羌人的万物崇拜。祭祀时，羌人的祝颂之词往往以三声连续的"羌"音开头。

直到现在这些远古流传下来的祭祀之词仍然流传在包括羌族在内的藏缅语族的一些民族中。只不过现代羌人祭祀之词所发出的连续音,不再是记录为"羌",而是"穷"或"确"。由于在古时候,羌人言谈常以"羌"发端,故中原人群便以该语音称呼其人。

当笔者读到《羌族通史》这一节时,眼睛一亮,立即把羌人祭祀的这一习俗,与从羌从口的"苟"(敬)字联系起来了。"苟"之所以增加一个口,恐怕就是强调祭祀时的连续三声"羌"吧!难怪文字学家于省吾说"羌"兼作"苟"的声符。

"苟"的声符为"羌",说明"苟"是一种祭祀行为或仪式,起始三呼,表示对祭祀对象的敬意。一些宗教或民俗活动在祭祀仪式前念的特定咒语与此类似。进一步讲,当代重大活动的开幕式都有奏国歌的仪式。这或许是羌人"三呼"原型穿越数千年历史在当下的现身吧。

其实不仅仅是宗教仪式,即便一般的圣地或庄严场合,人们心里也会油然升起崇高的敬意而默默地戒告自己的言行。"苟"的敬意多半反映了这样的心态。果不其然,《说文解字》曰:"苟,自急敕也。从羊省,从包省。从口,口犹慎言也。"自急敕,即自己赶紧告诫自己。研究《说文解字》的专家认为,敕表示告诫、警戒;而"自急敕"则有"自省""自我警惕"的意味,与后起的"敬""警"等字意义相关。

许慎对"苟"的解释很独特,尽管没有说明其理据渊源,似乎也隐含着羌人祭祀的三呼传统。这个"自急敕",可以解释成"祭祀者处于集中警戒状态",急表示注意力集中在

图10-3 "敬"的篆书（吴昌硕）。左边为"苟"，从羌从口；右边为攴，手持短棍以示警戒（如同后世佛道讲的护法）

自我警戒上。这状态与佛道修行者持咒状态相似。

功夫深厚的修行道者，念经持咒时，心相集中，完全屏蔽外部影响。这也是虔诚、恭敬的状态，符合"自急敕"的特征。这表明，敬的两方面：恭敬与警戒，相辅相成。恭敬的上乘境界是了然无著，而这又以其持戒警戒为基础。换言之，许慎语焉不详的"自急敕"，很可能采自上古的传说，但因年代"久远"，而赋予汉代儒家的理解视域。

回到"敬"，许慎的定义很简单：肃也。肃（肅），上面为笔的象形，下面花纹形；异体字为下面从心从跪坐的人，显然与某种宗教仪式有关。从笔从花纹的字形，在笔者看来，可能是古人画符作法的动作。这与念咒一样，需要屏息凝神，驱除杂念而处于"自急敕"的状态。

敬，在苟的基础上加攴。攴为治理，治理散乱的心（瑜伽或气功修炼都讲究静心，通过呼吸训练达到心的治理）。在敬的心理状态中，攴也是戒律，是对自我心性的控制和管理，警惕欲望和杂念的干扰。

因此，敬实际上也是修心状态。敬的声符字体现了其中的高和戒。

弊qíng，正弓也。这暗示敬有正的含义（纠正、调理；政者，正也，体现了政治的治理作用）。㲻nì，溺的异体字，即沉溺其中不能自胜，不能自主。敬的虔诚无我状态，也是超越自我意识的控制（自主）。擎，向上托。此字显示敬有上义，敬仰对象的上位属性，所谓高山仰止。檠qíng，灯架，烛台。檠是擎的运用，灯台置于高处，故谓上灯。灯繁体字从火登声，也是上位（登高）。蟼jīng，古书上说的一种蛤蟆。癞蛤蟆，警惕性高，白天多栖于泥穴、草丛或石板下面，夜晚方出动捕食。惊（驚），从马，敬声，警惕而惊讶。憼，jīng，驚（惊）的异体字。惊恐，与驚相通。憼，警告，警示，直接体现敬的警戒义。

曔，明，日明。此字貌似普通，其实不寻常，需要引起注意。这里的声符敬，可能来自苟的祝咒巫术。加日，表示祈祷日出。远古太阳神崇拜，先民担心太阳被黑暗魔神（黑夜）吞没，经常举行大型祭祀颂歌活动，迎接太阳的诞生。印加人还用活人的心脏祭祀太阳。羌人祭祀三呼，最初也可能与日神崇拜有关。

总之，敬，从苟，与祭祀时的咒语祈祷有关，进而表示祭神的虔敬和恭敬；加攴，表示警戒、警惕，确保祭祀时的礼仪规矩。

 10.3 业：大版的故事

业的繁体做"業"，构形复杂，很难"望字生义"。《说文解字》曰："业，大版也。所以饰县钟鼓，捷业如锯齿，以白画之，象其鉏铻相承也。从丵从巾，巾，象版。"这段话翻译成白话文：业，乐器架子横木上的大版，是用来装饰横木、悬挂钟鼓的东西。大版参差排比像锯齿，用白色

颜料涂画它。像两层版参差不齐而又互相承接的样子。从字形上说，"业"之象形，金文和篆文皆上从丵，表示齿形装饰；下从木，像装饰板，为古代悬挂乐器的架子横梁上起装饰作用的刻成锯齿状的大版形。

古代的钟、鼓等敲击乐器都会悬挂在木架上，木架的横梁称为"簨"（sún或栒），两旁的柱子则称为"虡"（jù）。《礼记·檀弓上》曰："有钟磬而无簨虡。"郑玄注："横曰簨，植曰虡。"其中"虡"又引申泛指悬挂钟磬的架子。《新唐书·礼乐志》曰："磬虡在西，钟虡在东。"后来又将之用作钟鼓编组的量词。《宋史·乐志》曰："按《唐六典》：天子宫架之乐，镈钟十二，编钟十二，编磬十二，凡三十有六虡。""宫架之乐"即宫廷音乐。

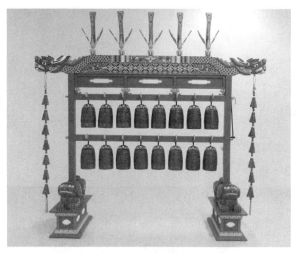

图10-4 古代乐器编钟，悬系乐版，庄重肃穆而声势浩大

金文的"业"，一般写成"業業"的，有人认为像两个并立的铜人举栒（sǔn，悬钟磬之横木）之形，故"业"

是悬挂钟磬的架子的象形。金文从二"業"从"去"的业，与《说文解字》中的古文形近。"去"的古文字有两个来源（见本书第八章"法"字），"業"字所从的"去"是"盍"的最初写法，像器盖相合之形，是"業"的声符。

设业奏乐是古代盛典，通常与巫祝礼仪有关，事系重大而敬慎。古代奏乐的大钟豪华气派，烘托出祭祀宏大庄严的气氛，就像今日的国庆大典。如1978年出土的战国早期编钟——曾侯乙编钟，就规模浩大，是由六十五件青铜编钟组成的庞大乐器。故"業"表示敬和慎。成语"兢兢业业"中的"业"就有敬畏义。而从心，業声的"懜"，表示恐惧。因此，"業"上所挂乐器，最初不是指娱乐，而是巫祝礼仪，气氛慎重而肃恭。

清代古文字学家段玉裁言："设大版于上，刻画以为饰，按栒以县（悬）钟。业以覆栒为饰，其形刻之捷业然如锯齿，又以白画之分明可观，故此大版名曰业。……凡程功积事言业者如版上之刻往往可计数也。"大版锯齿之刻形，犹如书写之篆刻，似乎暗含着某种历史记忆。诚然，钟磬大乐，多半是颂扬祖先功绩，有"程功积事"的意象。

段玉裁最后一句话是为点睛，好像说大版上锯齿形的刻划象征着"程功积事"。此言极是，锯齿上下咬合，本身隐含着聚合，而且是成行的聚合。"業"的声符为"去"，即盍（hé）。盍，合也，交合、咬合也。"業"的声符喻示着横木（"簴"）悬挂着的众多钟磬，乃乐器的聚合、乐曲的交合与交融，如同今日交响乐的聚合效应，显得十分的庄严和隆重。

锯齿刻形横列于大版，象征着一系列的咬合关系，引申为集聚、累积。其后把书册、书卷聚合在一起的夹板也叫业，代指书。《礼记·曲礼》曰："请业则起，请益则起。"（向先生请教书本中的问题，要起立；请先生把不明白的地方再讲一遍，也要起立。）东汉郑玄注："业，谓篇卷也。"于是业又表示学习的内容和过程：学业；业精于勤荒于嬉。

　　"业"的聚集义又被引申到建筑上。在整治好的墙基两侧竖立直木，将三尺长一尺高的木板放在里面，挨着直木，相对安上。在两块木板之中填土，用杵捣筑坚实。如此一版一版的压缝建筑，互相牵制，墙壁就不会倒塌。

金文	小篆	隶书	楷书	草书	行书	简化字
業	業	業	業	業	業	业

图 10-5　"业"字象形和演变

　　这样的压土筑墙也叫大版。《尔雅》曰："大版谓之业。"两晋时期学者郭璞注："筑墙版也。"筑墙大版压紧压实墙中土，表现为土的聚集。筑墙版一层层地依次覆盖，业就有次序义。《国语·齐语》曰："修旧法，择其善者而业用之。"业，即次序。筑墙版的层层叠压（层，繁体作"層"，曾声。"曾"为甑的本字，如同今日蒸笼，多层叠加。"曾"由此而有过去义，完成义，与"业"之大版叠压相通），依序前后发生，遂有完成义，表现为汉语"业已"一词（"已"字也是完成的意思）。筑墙是建筑的起点，故业有创始义。《广雅·释诂一》曰："业，始也。"《史记·太史公自序》曰："项梁业之，子羽接之。"（项梁开创反秦大业，项羽接手）。

业，由筑墙大版引申为事业、基业、功业。《周易·系词》云："圣德大业，至矣哉！""富有之谓大业。""举而措之天下之民，谓之事业。"也进而泛指所从事的工作、所做的事情，如职业："各劝其业""庶人、工、商各守其业""安居乐业"；还有家业、产业和行业（工业、农业、商业等）。

10.4 敬神与敬业

"業"之大版伴随着祭祀大典的崇敬和危惧。当"業"发展为一般的事业、功业或百业时，其危惧感何去何从？我们注意到在中国民俗传统中，存在着大量的"行业神"崇拜，如养蚕业的马头娘；学塾、考学的孔子；酿酒业的杜康真人；梳篦业的陈七子；造纸业的蔡伦等。日本行业神也很发达，如屠宰业有刀神崇拜；清扫工方面有扫把神（欧洲中世纪巫女以扫把为飞行坐具，也显示其神力）。正因如此，各个行业都自觉依行业神的规矩规范行事，不敢妄动。这样，因敬其神而敬其业。

佛教传入中国时，意为造作的Karma（音译羯磨）被译作"业"（業），泛指一切身心活动。Karma的意译精到而贴切，与"業"的"業已"属性、百业属性对应，而又大大拓展了这一内涵。佛教讲因果，前世所做的业，后世受其报；今世所作所为也播下来世的种子。因此，人的作为（业）就不能随心所欲，而要深切地感受到业报的严重性。当一颗反省、修行的心真切地面对"業"时，不由如临深渊、危惧敬畏呢！

如此说来,"業"之有神,"業"之有因,业本身就包含着敬重、敬畏,即"敬业"。敬业,在原型意义上也是对行业神的敬畏,表现为敬畏自己的行业,对自己的行为持谨慎态度而不敢恣意妄为,即"兢兢业业"。

11. 诚 信

原始时代人的心灵与婴幼儿相似，非常纯真，所谓一张白纸，未受污染。这就是"诚"的状态。而"信"也就是"诚"，因为诚，而可信，彼此互相关联，互为定义（《说文解字》曰："诚，信也。""信，诚也"）。如果要有所区别，那也是体和用的关系，即诚为体，信为用。

11.1 成、城、诚

诚为信之本，从言，成声兼会意。古文成通诚。《诗经·小雅·我行其野》曰："成不以富。"又《韩非子·功名》云："近者结之以成，远者誉之以名。"其中的成，作诚解。下面就以成的结构为主线，探讨"诚"的秘密。

甲骨文的成，从戌（一种宽刃的斧钺形兵器），从

图11-1 斧钺兵器

丁兼表音。本义为完成。《说文解字》曰:"成,就也,从戊丁声。"许慎所说的戊,也是斧钺形兵器。有人认为成从戊是从戌之讹。戊与戌的差异暂且不论,我们想问的是,为什么斧钺兵器加上丁表示完成?让我们从丁说起。

本书第七章探讨"正"字时提及"丁"。丁的音义为"鼎",鼎盛。《说文解字》曰:"丁,夏时万物皆丁实。象形。"丁实就是壮实,表示强大。照此思路,成从戊(斧钺)从丁,表示斧钺像大鼎一样强大而战无不胜,遂有完成、成就义。

不过,这样的解释还是比较表面。从原型角度讲,丁的本源乃屋顶天窗象形,也是屋顶的俯视图,有着居高临下的俯瞰效应,寓意其"保护、庇佑"的区域。甲骨文中的丁,很多画成方块形、长方形,正显示其"自上而下"的主导地位。英文的"dome",意为圆顶屋或圆屋顶,相对于周边田野或旷野,高耸矗立(就像后来的拱顶教堂),可以环视四周,一目了然。"dome"圆顶屋的意象,进而发展出系列同源词:dominate(占据优势地位、俯视),dominion(控制、支配、统治),domain(领土、领地)。

"丁"之屋顶天窗的俯瞰与"dome"圆顶屋的意象相似相通。而"丁"的控制、支配意象主要通过"成"字来显现。甲骨文中的"成"字,其中的"丁"半数为"口"形。文字学家季旭升据此认为:甲骨文"口"与"丁"同形,"口"像城邑之形,"戊"象斧钺,会以兵器守城围之意,是"城"的最初用法。

这里我们还得强调一下"丁"字形义的两重性。一方面"丁"为天窗之形,表示屋顶,有顶盛义;另一方面,屋顶的居高临下具有控制、庇护其所在地的意象（城、城堡）。于是"丁"从天窗屋顶转向对城邑"区域"的守护。而"戍"则突出守护的手段。

因此，从戍从丁的"成"，不是一般的兵器守城，而是居于"天窗"的护卫。这样的护卫显示出城市"主人"统治权上的神圣性（如同后来的"君权神授"），即思想认同、领地归化、民众顺应。这与"正"占据城邑而获得的正当性相呼应。

"成，就也。"成和就密切相关。《说文解字》曰："就，就高也。从京从尤。尤，异于凡也。"京为高丘；尤，不同凡响。"就"指一种异乎寻常的高丘、高地。因此，就为高，今日我们还说"高就"；而"成"也涉及高，只是"成"系居高临下的俯视；"就"为"自下而上"的追求。

"成"，从戍（斧钺），是权力的象征；从丁，是天窗、天顶，可谓天的象征。由此，"成"，一方面具有上天神力的斧钺（戍），象征着至高无上的神权；而掌控斧钺的王，也就成了天神的化身。另一方面，屋顶下统摄的城邑，那是其归属地，万众归顺，拥戴其王。

在这个意义上，"成"便是"城"：天斧守护下的属地，伟大神圣的城邑；而"城"充满了"诚"：仰视天斧而生敬仰，臣服神王而起虔诚。古典时代的城市都有自己的保护神，原来都源自"天斧"（"成"）的守护。

"城"之虔诚，指对城市保护神无限的敬仰和寄托。这样的心理状态便是"诚"。"诚"，从言，从成（或城省）兼声，在古文字里，言字旁与竖心旁意义相通。"诚"之从言等同

于从心。城之为城，源于精神共同体——圣城信仰，即在神庙主宰下的彼此认同。传统中国城市的城隍庙诸神行使着这样的功能。上海市方浜中路的城隍庙，就是城市的保护神。城隍，又称城隍神、城隍爷，是中国民间和道教信奉守护城池之神。上海昆明路上的下海庙，尽管是佛教的寺院，但也供奉着城隍老爷、城隍娘娘、地母娘娘、陆家庙菩萨、财神爷、眼睛娘娘、东海龙王、妈祖等地方神。

图11-2 城之成，成就了斧钺的神圣性，也成就了"诚"信

城隍神显示了"成"的影响力：吸引、保护、安抚着城市居民，使之成为圣城的"信徒"。在拉丁语中，"城邦"（civitas）的词根为cio-，义为召集。这表明城市犹如磁石召唤着城内外的各种力量聚集在它的周围，即"吸引人群和各种组织"。

概言之，斧钺（"成"）守护城邑而获得神性，建立神庙而统治圣地。斧钺本身也化身为权力，成为王的象征。而"王"字，甲骨文、金文像锋刃向下之斧钺形兵器。神圣的斧钺，神圣的王，神圣的城邑（圣城）。在神圣的荣耀下，居民崇拜斧钺的神力（这就是"祈"，从斧斤；从示，神也）而忠诚于、臣服于掌控斧钺的王及其神庙组织（中世纪的大小领主延续了这样的关系）。于是在"城"的神圣空间"成"就了"诚"的无限敬仰。因此，"诚"是对斧钺神权的顶礼膜拜，是对圣城荣耀的全心全意。

11.2 斧头、感应与自我

斧钺具有召唤力，可以凝聚人心，因而成为整治、整合的力量。文化象征学认为"斧头是雷公的武器，是力量的象征。""斧头是整体化的中心，持久稳定的表现，是积聚的雷电"。这里讲的雷电，在汉字中就是"申"，即"神"的本字。这也回应了上文讲的斧钺的神性。

斧钺作为整体化的中心，不仅仅指兵器材质的整体性（所谓"铁板一块"），也指其影响力的整体性，即聚集力（凝聚成一个整体）。而整体性与感召力，一体两面，相辅相成：因其吸引力、感召力而汇集成一个整体；而整体性由于自身"体量"或"质量"的"引力"而表现出感召、感应的属性。这些都涉及"感"。

于是我们进入"感"。感，金文从心，咸声，本意是感动人心。《说文解字》曰："感，动人心也。从心，咸声。"感为动，其声符字"撼"也是动的意思。感之动，何以具备吸引力、拥有感召力？这就要"感"的声符"咸"出场了。

《说文解字》曰："咸，皆也。悉也。"咸，全部的意思，简化字已与咸味的"鹹"合并。现代汉语，咸用的较少，成语"老少咸宜"保留此义。《周易·乾卦·象》曰："首出庶物，万国咸宁"也是这个含义。地名咸阳，源自"渭水穿南，峻山亘北，山水俱阳，故称咸阳"，即河之北为阳，山以南为阳。

咸指全部，亦即整体性。感召、感应与整体性的关系原来早已隐藏在"感"字内部。那么,"咸"又如何蕴含着全部、整体义的?且看"咸"的字象结构。

许慎在对"咸"字作出意义解释后,又作了结构补充:"从口从戌。戌,悉也。胡监切。"前文一再提到的"戌"又出现了,也是全部的意思,直接"字证"了斧钺的整体性。但是,"咸"的整体性,较之于"戌",增加了"口",意义又没有超出"戌"。那么这个"口"字在其整体性含义中扮演什么角色?

很多文字学家都认为,"咸"从戌(斧钺兵器)从口,实为"喊"的本字,即古代战争众多士兵手持斧头,大声喊叫,显现杀声一片的场面。不错,"咸"的古音,照《说文解字》的标注为"胡监切",显然是"喊"音。其实在湖南等方言中,"咸"念han,"鹹"也念han。

"咸"从口,由异口同声的喊叫义转化为全部义,也讲得通。不过,我们再细究的话,好像还有更深刻的内涵。"咸"从戌从口,也可以在象征层面理解为斧钺之口的无言之言。那高举于天空的斧钺象征着伟大和强盛、神圣和威严、光荣与梦想、征服与凯旋。斧钺的这系列象征正是其无声的宣言,感染着它的民众,激荡着爱国心,从而凝聚在"戌"的周围,感受、感应着这整体合一的斧钺。

图11-3 篆书"咸"(吴大澄)。咸从戌从口,有着言的威力和整合力,即感召、号召的力量

讲到"咸"的感应,恰好,《周易》有个咸卦,其"象传"曰:"咸,感也。""天地感而万物生,圣人感人心,而天下和平,观

其所感，而天地万物之情可见矣。"

咸卦讲感应，卦象为泽山咸，即上兑卦，下艮卦。在八卦类象中，兑为泽、为口、为言；艮为山、为石、为斧、为自我等。显然，上兑下艮的咸，完全对应"咸"的结构（兑为口，艮为戍、为斧）。在这些类象中，我们提取艮为自我，兑为口的组合。这意味着咸卦的感应与自我的表达和言说有关。

耐人寻味的是，"我"的甲骨文是一种带齿的斧钺，而且是三齿，就像三叉戟。而在梦的象征中，牙齿大多表示自我，如掉牙暗示自我的退却，诸如失去勇气、回避矛盾等。"我"之三齿，恰好对应着弗洛伊德无意识心理学的自我（意识中心）、本我（人的动物性）、超我（道德感和社会规范）。

因此，"咸"字也是自我的显现。其中口为表达。自我在显示自己时，仅当其意识与无意识、情感与理性处于统一状态，人格才是健全的。而这个统一也就是人格的整体性。相反，则属于人格分裂。

统一的人格是心理成熟的标志，这种"成"熟的表现形态为"诚"。统一的人格也是心理各个组成部分（情志意）有机整合的结果，英文的"integrity"（完整、健全、诚实、诚恳）表达了这样的含义及状态。Integrity的本义是整体，其同源词为integer（整数、整体）、integrate（集成、综合）。类似的，还有"sincere"（真诚、诚挚），其本义为whole（整体、全部）。这两个表示整体义的单词何以都有诚实、诚挚义？恐怕有其内在逻辑：健全的心理处于（心理要素的）整合状态，而整体合一的心性表现为"诚"。

11.3 人言为信

信，从人从言，字面意思就是"人言可信"。为何这么解释？段玉裁注："人言则无不信者，故从人言。"这句话还是不太好理解。在日常经验里，"人言可信"似乎多有疑义，不仅不可信，而且还"人言可畏"。那么"人言可信"到底在什么意义上讲的？

好在《说文解字》保留了信的一个古字："訫"。"訫"从言从心，表示从心里讲出来的话，即真心话。真心话当然可信。"訫"的结构揭示了信的本质。据此我们再来看"人言可信"，所谓"人言"当指人的心里话。不仅"人言可信"中的言是真心话，而且其"人"也是诚挚可信的人。

那么谁是诚挚可信的人？信的异体字给出了答案："忎"。这个字太妙，从子（赤子）从心，婴幼儿的心，清澈无暇，至为诚挚。这还没完，信的另一个异体字又作了补充："㐰"！"人言可信"中的那个神秘人物（"子"）终于登场。我们常说"童言无忌"，是谓儿童的话没有虚假。"㐰"从子从言，正说明其人真诚无暇，其言诚挚可信。

信关键在于心。信与心，古音亦可通。我们不妨通过心的分析达到对信的理解。

心是个象形字，甲骨文的形态颇像一颗心的纵向剖面图，清楚地显示出左右心房和心室。但仅此而已，对心的深入分析，还有待于心音义。但是心的声符字很少，"訫"算一个，还有"沁"。我们就从"沁"入手。

《说文解字》曰："沁，水。出上党羊头山，东南入河"。作为河流名的沁字没有更多信息，但"沁"的渗透义（沁润；沁人心脾）令人联想起沁水流域发生的故事："沁"从上党羊头山流出，往东南汇入黄河。这一路，土质肥沃，类似尼罗河三角洲，是整个黄河流域灌溉农业的一部分。我们猜测，沁水流域的灌溉效果一定有其特色，能将河水有效地覆盖所有耕地。因此，提及沁水便能联想起其灌溉能力——沁河水系对农田的渗透。而"沁"的渗透义，很可能是对心的渗透义的假借，这间接地证明了"心"字蕴含着渗透、浸润的含义。

因此，"沁"的意象转换成"心"，沁就是心的灌溉，其弥漫开来有渗透力，能广泛影响周边的事物。换言之，沁反映了心的本质特征，心具有弥漫渗透的神力。

心的渗透力体现在"意"字上。《说文解字》曰："意，志也。以心察言而知意也。"意为意向，"心所向"。"意"是心的精神本源，是构成思想、意识的基础。"意"从心从音。音从何而来？音从弦来，弦之拨动，自有音响。因此，"意"之音响，可归结为心弦的拨动。

心之"弦"，是心的精神力的载体。"动人心弦"或"感人心弦"就是指传达心的精神力。此处的"心"不是肉团之心，而是与情感、知觉相联系的精神功能态，是心弦的"震动"态。心弦，俗语中称之为"一根筋"；敏感者（感应较强）此弦殊胜，否则谓之反应迟钝，缺根"筋"。心弦之"弦"主要不仅指弓弦之"弦"，而是琴弦之"弦"。琴者情也，人的心情、心境与琴相关，也就是与琴声有关。琴声

图11-4 心的神性弥漫天地间，故能感应万物

所发即心意所达：意乃心音的弹奏、心音的荡漾，这也是心与内外世界的感应。

总之，"心"通过"心"的声符字找出了蕴含在"心"音中的沁润、渗透义，进而通过"意"字发现心弦的声音

（意从音）。由此推断："心"的音义（沁润、渗透）体现了心弦的功能和存在。无独有偶，我们在印欧语中也找到了这根弦。英语Heart（心），其根词为kerd-，源自拉丁文cord-，本义就是绳子。与这根绳子有关系的还有Heart的同源词accord（一致，调和）、concord（和谐）、cordial（诚恳）等。Heart的词源意义，令人深思：心弦与绳子于中西文化的深处"心心相印"啊！

当然这不是一般的绳子。维柯说，把野蛮人驯化到能胜任各种人类的职责，需要神的或宗教的力量。这种神力，即"表现为一根绳子，希腊语叫做chorda（弦），拉丁语就叫做fides（信义，信用），其原义表现在fides deorum（神力）这个成语里。从这种"弦"，人们制造出乐神奥辅斯（Orpheus）的竖琴（最早的竖琴一定是用单弦的），竖琴伴奏的就是赞颂预示征兆的神力的歌，奥辅斯用这种琴歌把希腊的野兽都驯化为人"。这根绳子能造就和谐的心弦（故heart的同源词有和谐义）。

心力的渗透就是心言的流淌，心弦的震荡那就是"訫"，信的力量由此而生。因此，心之言"訫"，也就是"言为心声"。如此之言，信哉！信哉！

 11.4 "言"的特殊性

信，起初写作从人从口的结构。口为言说，到篆文演变为从人从言，一直延续到今日。字形的变化，貌似无意，口与言互换而已。不过从文字的无意识嬗变（一般叫做"约

定俗成")角度讲,似乎没有那么简单,可能隐含着某种用意。显示言与口的差异。

对言有不同解读。《说文解字》曰:"直言曰言,论难曰语。"语言学家汤可敬将这句话翻译为:"直接讲说叫言,议论辩驳叫语。""言",一般看作从辛从口。辛像一个凿形刀具(文字学家詹鄞鑫的观点),用来伐木、施刑等。辛与口的结合,不能说施口刑吧。白川静认为:言,向神发出的誓言。通过向神起誓,达成与他人的约定、承诺,谓"信"。由此"信"有诚信、守信之义。他把口看成是"祝咒之器",而辛是一种刺墨用针,一种刑具。

我们觉得"辛"这个字,不管是指刑具,还是指刀具,在使用过程中估计效力明显,具有攻击性、刺激性(辛辣含义可能由此而来)。"言"从辛,意味着其言所发出的力犹如辛刑之强烈。这样的言,肯定不是日常用语,唯其效力指向明确的巫术咒语才这么发声。因此,言为咒语,亦即白川静讲的誓言。"誓"从折从言。折,古文为"斯"。《说文解字》曰:"斯,断也。从斤断艸。"折,就是断草的斧头。"誓",意指像斧头一样具砍伐力的言。同理,"言",意指像刑刀一样具惩罚力的言。

像刑刀一样具惩罚力的言,有诅咒敌方不得善果的意图,如同今日恶毒攻击他人时的詈骂。骂人不需要论证,网络流行语叫"喷",直接了断。《说文解字》讲的"直言曰言"蕴含着巫术咒语的背景,强调其"言"锐利,有"单刀直入"之利落。只是其巫术背景被人文意识取代后,言的从辛从口的结构就不太好理解了。

"言",从辛从口;"咸"从戍从口。辛为刑具,戍为兵器,两者结构相近,意义相通。同样的,"诚"从成从言;成也是兵器,言为口。如此说来,"言"本身具备了"诚"的基本条件,加上人,便是"信",意谓信得过的人。

诚信,其字象结构相似,意义相通,所以《说文解字》互相定义。探讨"诚"和"信"的字源,我们真正明白了:诚信作为一种品德,那是发自内心的誓言,容不得半点假,像咒语一样震撼心灵,穿越时空⋯⋯

图 11-5　言的诅咒力如同带剑的舌头

12. 友 善

友善，指人与人之间的亲近和睦，字面意思是友好和善。友善一词也很早就出现在史书上。《汉书·息夫躬传》载："皇后父特进孔乡侯傅晏与躬同郡，相友善。"译成白话：（哀帝刚即位时）皇后的父亲、特进、孔乡侯傅晏与息夫躬是同郡人，两人关系很好。简单地说，友善就是指人际关系融洽。

12.1 伸出你的右手

友，字形为两个又（手的象形），很直观。不论是文字学家还是非专业人士，均一致认为"友"字表示握手、牵手。李学勤主编的《字源》一书指出：两人相交，自古已然。现在朋友见面"握手"，正可作为"友"的注脚。

《说文解字》曰："友，同志为友。从二又。相交友也。𦫹，古文友。𦑛，亦古文友。"汤可敬《说文解字今释》对此的译文：志趣相同的人称之为友，由两个"又"（手）会意，表示相交为友的意思。"友"的这个定义与今人志同道合层面上的朋友观基本相同，如益友、诤友、世友、票友、学友等都是在这一意义上讲的。

不过，仔细端详"友"的甲骨文、金文字形，似乎都不曾有两手相交的形状。许慎说的"相交友也"，也不一定就是两手相交。但是今人很容易将之理解为握手动作。握手是近现代西方传来的习惯，而中国古人交友相见多为"拱手"。对"友"之握手说，笔者很是存疑。

图12-1 "友"为两个右手之形

其实"友"的古文字，像两个平行的手。视觉语言学学者游顺钊早就注意到这个特征。他说"友"字中的两只手的方向跟一个人拉着另一个人的手的情况并不符合，因为手拉手时，两手通常不会像"友"字所显现的那样是朝着同一个方向的。

游顺钊说他1983年在西安看见两位大娘在家门口聊天，年岁大的那位坐在凳上，另一位站着，身体微微前倾。坐着的那个大娘双手握着另一位的手腕和手。他认为这一老年妇女间表达友情和亲近的手势在中国还很常见。对此，游顺钊不由发问，"友"是否依据妇女的手势而创造的？

游顺钊通过对民间妇女行为的观察就"友"的字形作出的尝试性解释，颠覆了通行的说法，为对"友"字的进一步研究提供了新的视野。对此我们再深入探讨"友"字中的"又"（手）。

"又"为手的象形，但却画了三个手指。《说文解字》曰："又，手也。象形。三指者，手指列略不过三也。"许慎说三是多的意思，以此表示五。我们认为，这种说法不确切。在现代绘画或儿童画中，经常可以看到三个指头的手，这绝不是表示三指或多指。

其实不光是手指异常，未来主义的许多画都有这个问题，如一匹奔驰的马不是只有四条腿而是有二十条腿，因为它们在运动中。未来主义画家"画马、画人、画其他动物，都画出许多肢体，（它们）处于连续的运动之中，把许多连续的瞬间同时表现于绘画和雕刻之中。"儿童视野中的手也是这般运动着。

这么说的话，三个手指的手应是动态中的手，亦即做手势状态中的手。老外讲话时，常常表情丰富，手势不断。想必远古时的人，彼此交流，手势频频，如此反复，渐渐的"又"成了表示"连续、重复"的副词。

从这角度讲，"又"是与人打交道的手，是交流、表达的手。因此，"又"加上"口"，发展成"右"，意指有口之手。口是语言表达的器官，"右"便是会讲话的手。在语言成熟之前，手语或手势语就成了人类交流、沟通的重要手段。"右"，作为手势语的手，承担了这一重大使命：传达、传递、表现。

"又"加口而成为右，最初这个"口"可能只是一个区别符号。但文字演化过程中也有集体无意识的参与，即口的言说、交流特征与右手的指示特征渐渐融合。这一过程无意识地发生着，却巧妙地与人的交流行为暗合。

其实又与口的结合，有着深层因缘。上古至今右手（又）起着主导作用，即人类习惯于右手操作（右利手）。沪语中左手习称假手，这表明右手才是真正的手，是手的代表。当右手发

图12-2　右手是正义之手，信誉之手，一些国家总统就职宣誓，将右手放在《圣经》上

展为右的方位时，右也就非同寻常了。

在世界主要民族的语言中，右的意义正面而积极，如汉语的"座右铭""无出其右"，西方语言中，下列词也与"右"有关：rectitude（正直），rectify（纠正），righteous（正义的），right-hand man（得力助手），dexterity（灵巧，惯用右手），ambidextrous（非常灵巧，即两个右手），adroit（机敏，来自法文"向右"的意思），rights（权利），right（正确）。在俄语中，"右"是"pravo"，同样也是表示"正确"的意思，是"pravda"（真理）的同源词。

右与正确、正直、正义和权利（right）关联，显然是右利手带来的观念。右利手何以有利、有力？实乃大脑秘密所在。

20世纪60-70年代，美国心理生物学家斯佩里对裂脑人的研究发现，人的大脑左右半球存在不同的功能，其中左半球负责逻辑思维和语言，是人的"本生脑"，记载着人出生以来的知识，管理着近期和即时的信息；右半球负责形象思维直觉和图像直觉，是人的"祖先脑"，储存从古至

今人类进化过程中的遗传因子的全部信息。左半球是人类独有的，与进化过程中语言的运用、劳动实践的逻辑和理性等密切相关，代表着人的进化优越性。

由于大脑左半球对应身体的右边，右半球对应身体的左边，因此右手之右利在于大脑左半球的性质，而右手之有利、有力体现了人的语言和理性带来的巨大进步和财富。巧合的是"右"从口（语言功能），正是其所对应的左半球的属性。

大脑左半球的语言功能是人的本质属性，代表人的存在、自我和言说。相应的，右手也代表人的存在、自我和言说。今日选举表态用的是右手，国家首脑就职宣誓用右手，加入组织的宣誓也用右手。右手是身份、意愿和言说的象征。

笔者记得儿时玩过的一个游戏：众多小伙伴围成一圈，右手前后环绕甩动，拍打一下臀部，而后前脚一蹬，随即伸出右手（手心或手背），齐声叫道："掭啊掭里揪"，凡是手心手背相同处于少数者退出。虽说这只是玩伴游戏，但有文化人类学的意义，只是当时我们根本没这意识。所谓"掭啊掭里揪"，通过出手表示身份认同：碰得拢的留下，碰不拢的退出（揪出）。掭、碰，音义相通。在沪语中，碰（bhang）与朋同音，也音义相通（朋是两个贝串联在一起，有相遇、碰见的隐喻）。所以"掭啊掭里揪"也可以写作"朋啊朋里揪"。而臀部为坐基，脚为支撑，两者都代表立场。这个游戏最大的特点就是一群人伸出右手表示其加入某项活动或组织的意愿和立场。这情景在今日企业团队训练时经常可以看到：员工们穿着统一标志的服装，围成一圈，朝中央伸出右手，大声呼喊口号，彼此鼓劲。

伸出右手等于是立场表态，也是心愿誓言。

回到"友"字。这显示两个伸出的右手；而两个手可能是虚数，代表一群人，就像上面所说的玩伴游戏。这个动作表示：我们是一伙的，有着共同的志趣和理想，走到一起来。正因如此，"友"通"有"。《释名·释言语》曰："友，有也。"有，就是存在，通过参与一个团队而显示自己的存在，自己的价值。

至此，我们可以断定，友之右手双双伸出，表示宣誓入会。而"友"的古文——"習"保留着宣誓的痕迹。"習"上面是两个手，下面类似器物的形状。日本汉字学家白川静认为，那是祷告用的祝咒之器。在器皿上以手相覆，发出誓言，以诚相约。白氏之说，颇有道理。古代歃血盟誓，就与"習"的画面很相似。

图12-3　代表自我的右手，汇集成达成共识的联合体

"友"反映了众人入会的仪式和誓言。在共同誓言下的组织成员，彼此友好互助，亲如兄弟（很多宗教组织也常自称"兄弟会"）。"友"由此带来两个特征：其一指与誓言有关的神圣情结，演变为共同的理想和追求，表示志趣相同，如学友、教友等；其二指由于加入某组织或团体，而演变为相处互助的关系，表示彼此熟悉亲近，如工友、病友等。

12.2 善：神判者与调和者

善，"望字生义"的话，就是羊言为善。《说文解字》曰："善，吉也。从誩从羊。此与义美同意。"许慎的意思是：义（義）和美都从羊，均有吉祥义。

文字学家大多承袭许慎的观点，认为："善"的金文（"譱"）从"羊"从二"言"，"言"是声符，古人认为"羊"有美善之意，而且与"祥"音近通假，可解作吉祥，故"善"字本义是美善、吉祥。也有说"言"亦是意符，指善言。从二"言"，有二人好言相向之意。何金松也持羊善说，只是角度不同：羊为善良之动物，故从羊；其善良之性情以叫声为标志，故从言。殷周之言与音同字。从二言即从二音，表示群羊鸣叫。

但是也有人存疑，觉得许慎以"从誩从羊"会吉祥之意，很不好理解。至于把羊看作是美的省形，从二言，而表示彼此相善之义；或以为善从羊为"膳"的本字等说法，也是众说不一，迄今无定论。

"善"的古文形义，似乎不能简单地归结为羊的吉祥义。

甲骨文中还有上羊下目的字形，也是难以理解（有人说是羊眼和顺而吉祥）。问题是羊在其中扮演什么角色？

我们认为羊既然通祥，就不一般，有神性。古代祭祀中羊大量用作牺牲，羊被看作是通神的神兽。祥，从示（神主）从羊，可谓羊呈现的神意。由此羊代表天神，显示吉祥。或者说羊是祥的神显（hierophany）。这里的祥通象（祥为征候、征象，象为象征）。《周易·系辞上》曰："天垂象，见吉凶，圣人象之。"天垂象（祥），就是羊的神显了。羊的神显，正是甲骨文中上羊下目的那个"善"字，其中的目为神圣的眼睛，是太阳的象征，以其光芒晓白天下，辨别真假，判断是非。

神显也是神的言说。《周易·说卦》曰："神也者，妙万物而为言者也。"因此，羊的神显可谓羊的言说。而这正是"详"字。《说文解字》曰："审议也。从言羊声。"语言文字学家齐冲天解释道，详即明白说出吉凶善恶。如此说来，"详"实际上是指"神判"，以定吉凶。

"详"为羊的言说；而"善"从羊从言，也是羊的言说。既然"详"为"神判"，"善"当为"神判"了。是的，当羊化作祥的神显（hierophany）时，"善"的"神判"就出现了。

对此白川静作了详细说明："善"，原字是"譱"，是"羊"与"誩"的组合之形。"羊"乃神判时所用似羊的神兽"解廌"，"誩"乃二"言"。"言"乃"𠙵"（放置向神祷告的祷词的器皿）上加"辛"（黥刑用带把手的大针），意即向神灵祈祷时若有不诚，将甘受黥刑之罚，即向神灵发出的誓言。"誩"表示神判时向神发誓的原告和被告，"譱"表示解廌两旁二人

发出的誓言。"善"原为法律用语,后来符合神意谓"善",进而有了良好、正确之义。

白川静对汉字的研究独具一格,有许多珍贵的创见。在他的体系中,凡是"口"字形的,绝大多数被读解为"放置向神祷告的祷词的器皿",并写作"ㅂ"。"祝咒器"假说对某些汉字的解释非常到位。笔者总体上认同其说,具体运用时加以修正和整合。

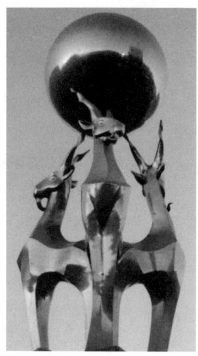

图12-4 神羊獬豸。顶着圆球的神羊,也寓意和解圆满

我们注意到白川静把"善"中羊看成是神兽"解廌"。而本书第八章第二节所说的"廌"为牛形神兽。的确,古书上有称神羊为獬豸的。《后汉书·舆服志下》曰:"獬豸神羊,能别曲直,楚王尝获之,故以为冠。"

那么,"廌"(或獬豸)到底是犍牛还是神羊?笔者尚未见到古人的"辨证",也没有看到今人的"澄清"。其实有关廌的形象史书上还有似鹿似麟等说法。但无论廌像哪一种动物,均以角触不正为其根本。

在我们看来,廌,可以看作是神判动物的原型。正如龙融合了多种动物的特征，廌则有不同的形态。其中犍牛的廌形侧重于惩罚邪恶，建立秩序；神羊形的廌则强调消除歧义，和睦共处。前者多有"武"的强硬，适合法律裁决；后者多有"文"的柔和，适合道德自觉。

总体上讲，"善"本义首先关乎神判，其次涉及调和。"善"中羊，既是用以神判的神兽，也表示主持神判的神职人员或相应的官府官员（随着世俗化进展，神羊开始淡化）。让我们倾听"善"的声符字是如何体现由神判而调和的。

"鐥"（shàn），一种长把大镰刀。镰刀用以砍断农作物，取象于"善"的判断、断案之断，体现神羊神判的功能。骟（shàn），同羯，指阉割雄性动物生殖器。阉割为断，与鐥类似。"墡"（shàn），白垩土，白色涂料，取象于"善"的神判晓白义（也体现了上羊下目"善"的洞察义）。以上声符字体现了"善"的神判形式（断）和效果（晓白）

"善"写作"譱"，从羊，从誩（jìng）。誩的音义为竞（競），意谓争执双方的"競言"。羊，起初是指神判神羊，世俗化后，较多体现为调节、调和的作用。䆈（zhǎn），耳门；耳门象征着善听，让双方设身处地倾听对方的意见。"缮"，修补；把对立的双方连接起来（即调和）。

当调节成功时，彼此冰释前嫌，释放善意，于是举杯庆贺。"膳"反映了这个美满的结果。《说文解字》曰："膳，具食也。"段玉裁注释道："具者，供置也。欲善其事也。"膳，就是准备饭食。这情景好像也常见于商业谈判。当然，调节也会失败，令人失望，就像喝下一杯苦酒。"醆"（zhǎn），苦酒也。此字很可能暗含着调节不成的遗憾。

讲到"善"的调节义,"偗"(shán)、"嬗"(zhǎn)、"譠"(zhǎn)三个字意义相关。《说文解字》曰:"偗,作姿也。"齐冲天说是"故作姿态",另一位现代学者马叙伦认为是扮演之演的本字。"偗",从人,从字形上看,好像是调节者。最初可能扮演着神羊的模样。

图12-5 膳之从善,聚餐也。围合而"有"(伸出手来)

"嬗",从女,与从人的"偗"同构。《说文解字》曰:"好枝格人语也。一曰靳也。"齐冲天的解释为:善于把话题岔开,不想叫人继续说下去,是言语中的一种巧妙引导。所谓言语引导,显然是指调停者避重就轻、求同存异而引导争执双方走到一起来。相应的,"譱",从言,《字汇》的解释是"格人言也"。"格人言"与"好枝格人语"相似,估计也是调节者引导、疏解双方的异议而促进彼此走近的劝导艺术。

"善",从神判到调节,都指向一个目的:和解。也就是说,作为神羊的"善",祥和为其本,意谓释放善意,催发善意,让善意洒遍人间;"善"化解矛盾,调和分歧。因此,和是善的目的,善是和的手段,和与善的统一,和善也,体现了和合之道。

12.3 "友"同而和"善"

"友"最初是指同盟,盟誓加入关系密切的组织。今日组织意义上的同盟不复存在,但情感心理、趣味理想意义上的同盟依旧存在,所谓志同道合也。"友"通"有",这是朋友交往的价值所在,即朋友间见解、思想、情感等方面的交流会产生新的价值(有)。

朋与碰音义相通,朋友,也谐音碰有,常言道:朋友朋友,碰碰才有。这是社交(社会交往)的真实价值,指在结伴出游、约会座谈中催发、产生彼此的"有"。周易中乾卦为天,离卦为火,两者组合后分别为火天大有和天火同人。这两个卦正是对"友"的社会价值的易理注释:同人(同心同德)而大有(获得成果)。

"善"是神判,体现了神(god)的意志,所以是善的(good)。从心理分析角度讲,这个神也是心灵中的存在,一种整合心里要素的自性原型,把人格的不同方面有机组合起来。事实上,"善"主要表现为个体的心性特征。善意、善心、善德、善行、善念等,与主观修养、道德品行有关。和之为"善",体现了心灵美的感染力。

相对而言,"善"是内在的和,"友"是外在的同。友善,就是由内而外地建立亲善关系。其中"善"为体,"友"为用。

参考文献

1 李圃主编:《古文字诂林》,上海教育出版社1999、2004年版
2 汉语大字典编辑委员会:《汉语大字典》,湖北辞书出版社、四川辞书出版社1992年版
3 李圃、郑明主编:《古文字释要》,上海教育出版社2010年版
4 李学勤主编:《字源》(全三册),天津古籍出版社2012年版
5 [法]游顺钊著,徐志民译:《视觉语言学论集》,语文出版社1994年版
6 齐冲天、齐小乎编著:《汉语音义字典》,中华书局2010年版
7 熊国英著:《图释古汉字》,齐鲁书社2006年版
8 谷衍奎:《汉字源流字典》,语文出版社2008年版
9 周清泉著:《文字考古》第一册,四川人民出版社2003年版
10 流沙河著:《流沙河认字》,现代出版社2010年版
11 王力主编:《王力古汉语字典》,中华书局2000年版
12 章季涛著:《实用同源字典》,湖北人民出版社2000年版
13 汤可敬著:《说文解字今释》,岳麓书社1997年版
14 何金松著:《汉字文化解读》,湖北人民出版社2004年版

15 邹晓丽著:《基础汉字形义释源》,中华书局2007年版
16 高明著:《中国古文字学通论》,北京大学出版社1996年版
17 张建铭、张宛如著:《汉字字根——"说文"声母字语源义考释》,山东友谊出版社2010年版
18 [日]白川静著,苏冰译:《常用字解》,九州出版社2010年版
19 邵大箴著:《现代美术浅议》,河北美术出版社1982年版
20 史哲编著:《土著人的隐秘世界》,中国民航出版社2004年版
21 《世界文化象征辞典》编写组:《世界文化象征辞典》,湖南文艺出版社1992年版
22 [德]恩斯特·卡西尔著,甘阳译:《人论》,上海译文出版社1985年版
23 黄寿祺、张善文著:《周易译注》,上海古籍出版社1989年版
24 [英]德斯蒙德·莫里斯著,刘文荣、今夫译:《人类行为观察——探索人类奥秘的最佳途径》,海天出版社1989年版
25 [美]利奥波德·贝拉克、萨姆·辛克莱尔著,蔡曙光等译:《解读面孔》,社会科学文献出版社2005年版。
26 刘源著:《商周祭祖礼研究》,商务印书馆2007年版
27 冯川编,冯川、苏克译:《荣格选集》,改革出版社1997年版

后记 POSTSCRIPT

本以为汉字方面的小册子容易写，不料真动手写时，就完全不是这回事了。原因在于我的汉字研究，不仅仅需要严谨的文字学、音韵学的专业支持，而且需致力于汉字的无意识原型探究（参见字道公众号：lojump1961-10）。这里要特别强调的是，我的研究方法是汉字字源学与原型心理学的结合，这属于交叉学科，而一些非专业人士经常会把汉字字源研究等同于江湖拆字或测字。这是极大的误解。

自2008年笔者的《汉字原型中的政治哲学》出版以来，10年过去了。随着国学的兴起，汉字字源、汉字文化方面的书大受欢迎，有雨后春笋之势。我对汉字原型的领悟也在加深加强，越发觉得解读汉字有难度。难度在于"字说字话"，在于字象的无意识生成（往往带来真谛）。因此，在本书写作过程中，经常遇到字源整合、本义确认等方面的困惑，有时不得不"停工"数日或一周，深入思考和阅读，才解决问题。这如同隧道挖掘，一路上险阻频现。每一章都是一座山，需要努力攀登。

2016年笔者在出版《汉字情》后，陆续积累了《汉字心理学》的材料和思路，但一直没动笔。去年暑假，从前的同事、好友唐亚林（现为复旦大学国际关系与公共事务学院教授）找到笔者，说复旦大学出版社编辑邬红伟物色汉字形义分析的作者。于是相约写书意向。邬编辑欣赏笔者的字源分析方法，希望给高中生写一本汉字形义与中国文化的书。邬编辑很有创意，说这个小册子选用的字来自社会主义核心价值观24个字，在某种意义上是把汉字国学与核心价值观这两大热点关联起来，让学生认知字源的同时，也记住了核心价值观，一举两得。

书稿意向确认后开始酝酿提纲，需要考虑高中生的认知水平和兴趣点。恰好儿子亦宸在上高一，我把初拟的提纲给他看，果然他发现了一些笔者不经意的问题。由此笔者注意到现在的高中生其实有相当的理解力，阅读能力甚或超出一般成年读者。

合同签好后，今年一月份正式写作。其时正临期末和续聘考核，受很多表格和会议所累，书稿进展不大。一月下旬准备写第二章时，一个雨雪纷飞的早上，朝夕相处的老母突然走了。悲情夹带着漫天的雨雪吹走了我的笔，如此一个多月，才找回它。其后感冒、咳嗽及虚乏症反复加身，持续三个多月，严重影响原来的进程。直到五月中下旬笔者才完成书稿的主体部分，回顾"敬业""诚信""友善"等章节，所言所述几乎是母亲品德的化身。谨以此书告慰母亲在天之灵。

在书稿即将出版之际，感谢字道缘友的付出，玉成其事！

罗建平

2018年6月1日

图书在版编目(CIP)数据

汉字形义与中华传统文化:以社会主义核心价值观二十四个汉字为例/罗建平著.
—上海:复旦大学出版社,2019.1
(国家大事丛书)
ISBN 978-7-309-13965-5

Ⅰ.①汉... Ⅱ.①罗... Ⅲ.①汉字-文化研究 Ⅳ.①H12

中国版本图书馆CIP数据核字(2018)第224748号

汉字形义与中华传统文化:以社会主义核心价值观二十四个汉字为例
罗建平　著
责任编辑/邹红伟

复旦大学出版社有限公司出版发行
上海市国权路579号　邮编:200433
网址:fupnet@fudanpress.com　http://www.fudanpress.com
门市零售:86-21-65642857　团体订购:86-21-65118853
外埠邮购:86-21-65109143　出版部电话:86-21-65642845
崇明裕安印刷厂

开本890×1240　1/32　印张5.25　字数120千
2019年1月第1版第1次印刷

ISBN 978-7-309-13965-5/H・2868
定价:25.00元

如有印装质量问题,请向复旦大学出版社有限公司出版部调换。
版权所有　　侵权必究